KURZSTRECKENLESER

Texte . Medien

Burkhard Wetekam

Diebe im Dschungel

Rätselkrimi

Schroedel

Texte.Medien

»Diebe im Dschungel«
von Burkhard Wetekam

Herausgegeben von Ingrid Hintz

Aufgabenanregungen und Anhang erarbeitet von Dieter Hintz

ISBN 978-3-507-47195-5

Druck A 1 / Jahr 2009

Alle Drucke der Serie A sind im Unterricht parallel verwendbar.

Redaktion: Barbara Holzwarth, München
Herstellung: Andreas Losse
Illustrationen (Umschlag und Innenteil): Sabine Lochmann, Frankfurt/M.
Umschlaggestaltung und Layout: JanssenKahlert Design, Hannover
Satz: Bock Mediengestaltung, Hannover
Druck: pva, Landau

INHALT

Anhang

Bevor du dieses Buch liest ...

Wenn man Sport treiben und laufen will, kann man Langstrecken oder Kurzstrecken laufen. Etwas Ähnliches gibt es auch beim Lesen: Es gibt besonders dicke Bücher zum Langstreckenlesen und es gibt Bücher zum *Kurzstreckenlesen* – zum Beispiel dieses spannende Buch.

Es ist ein Rätselkrimi, bei dem du mitraten und Detektiv spielen kannst. Niko freut sich über sein neues Handy und zeigt es gleich seinen Freunden im *Dschungel*, ihrem Treffpunkt. Aber dann ist es plötzlich weg. Gibt es Diebe im *Dschungel*? Niko macht sich auf die Suche, zusammen mit dir ...

Manchmal ist es sinnvoll, beim Lesen auch Nachdenkpausen zu machen. An vielen Stellen dieses Buches findest du Anregungen dazu. Deine Gedanken kannst du direkt im Buch oder auf Zusatzblättern aufschreiben, vielleicht auch in einem Lesetagebuch.

Viel Freude beim Lesen des Buches!

Burkhard Wetekam

Diebe im Dschungel

Rätselkrimi

1

Das neue Handy. Endlich.
Es hat ein silbernes Gehäuse.
Liegt supergut in der Hand.
Um die Tasten herum ein schmaler Rand.
Der leuchtet im Dunkeln. Tiefblau.
„Besonders stabil“,
hat der Verkäufer gesagt.
„Damit wirst du viel Spaß haben.“

Niko tippt Zahlen ein. Irgendwelche.
Er sucht nach den Spielen:
Tetris und *Blockbreaker* sind dabei.
Dann ruft er zu Hause an.
Sein Bruder ist dran.
„Hallo, Tom. Ich hab’s gerade abgeholt.
Jetzt fahre ich zum *Dschungel*.
Wenn ich zu Hause bin, heute Abend,
dann zeige ich dir das Teil. Bis dann.
Mach’s gut.“
Er steigt auf sein Fahrrad.
Fühlt die Sonne im Nacken.

Und einen leichten Wind. Der pustet ihm ins Gesicht. Ein toller Tag. Er freut sich auf die anderen. Sie treffen sich im *Dschungel*, das ist der verrückteste Treffpunkt in der Stadt. Zwei- oder dreimal pro Woche sind sie am Nachmittag dort.

Der Besitzer heißt Johann. Er hat einen Schnauzbart und lange, schwarze Haare, trägt meistens eine Lederweste.

An den Wänden im *Dschungel* hängen Masken aus Afrika. Bunt bemalt mit rätselhaften Zeichen. Manche sehen unheimlich aus. Auch Speere und alte Pistolen sind dabei. Ausgefranste Seile an der Decke. „Das sind echte Lianen“, hat Johann mal behauptet und dabei gegrinst. Niko ist sich nicht sicher, ob das stimmt. Aber Johanns Zwergaffe ist echt. Er heißt Coco. Sein Fell ist hellgrau und glänzt. Meist sitzt er in einem kleinen Raum, dem Affenzimmer.

Manchmal klettert er im Gastraum des *Dschungel* in den Seilen herum.

Dann gibt es noch drei Katzen.
Niko bekommt immer einen Schreck, wenn eine von ihnen um seine Beine streicht.
Am schönsten findet er aber die Papageien.
Sie sitzen in einem Käfig, der über der Theke hängt.
Einer der Papageien ist weiß, der andere quietschgrün.
Manchmal kreischen sie.

2

Heute ist viel los im *Dschungel.*
Die anderen sind schon da: Benny, Lara, Paul und Marie. Nur Jana fehlt.
„Hi!“, ruft Niko. „Ich hab’ mein Handy abgeholt.“
Er legt das Gerät auf den Tisch.
Die anderen staunen.
„Na los“, ruft Lara, „zeig schon her.“
Niko führt ihnen das Handy vor.
Als Klingelton hat er *Strong* eingestellt.
Von Robbie Williams.

Johann kommt auch. „Mensch – tolles Ding!“, sagt er. Er macht von ihnen allen ein Foto. Und tippt gleich seine eigene Nummer ein. Dann schickt er das Foto los. „Jetzt habe ich euch auf meinem Handy“, ruft er und lacht.

Plötzlich klingelt Nikos Handy. Wie kann das sein? „Eigentlich kennt doch niemand meine Nummer!“, ruft er. „Die habe ich vorhin erst bekommen!“ Er starrt auf das Gerät. „Na los“, sagt Paul. „Geh ran! Wird schon kein Gespenst sein.“

Nein, ein Gespenst ist es wirklich nicht, sondern Nikos Bruder Tom. Er ist sehr aufgeregt. „Gut, dass ich dich erreiche“, sagt er. „Du musst ins Krankenhaus kommen. Oma ist gestürzt. Sie hat sich einen Fuß gebrochen.“ Niko kann es nicht glauben! Seine geliebte Oma im Krankenhaus!

Im *Dschungel*, ihrem Treffpunkt, fühlen sich Niko und seine Freunde wohl. Auf dem Bild ist aber etwas zu sehen, das im Text nicht erwähnt wird. Was ist das?

____

Zum Nachdenken

Dabei hatte Oma gerade heute versprochen, einen Kuchen für ihn zu backen. „Was ist?“, fragt Tom. „Hast du mich verstanden?“ „Ja, ja“, sagt Niko. „Ich fahre gleich los. Aber – woher weißt du denn meine Handynummer?“ Tom schnauft. „Du Dummkopf. Unser Telefon hat sie gespeichert, als du vorhin angerufen hast. Und jetzt beeil dich!“

Niko wird flau im Magen. „Ich muss weg“, sagt er. „Meine Oma liegt im Krankenhaus.“ Niko legt das Handy auf den Tisch. Er hat plötzlich keinen Spaß mehr daran. Die anderen sind ganz leise geworden. Sie sehen ihn an. „Soll ich mitkommen?“, fragt Lara. „Nein, besser nicht. Zu viele Leute – das ist für meine Oma sicher nicht gut. Aber es wäre nett, wenn ihr meinen Kakao bezahlt.“

„Das ist doch kein Problem.“ War das nicht Janas Stimme?

Niko dreht sich um.
„Jana! Endlich.“
Sie umarmt ihn kurz.
Niko erzählt ihr, was los ist.
„Kommst du zurecht?“
Niko nickt.
Johann sagt: „Ich kenne einen guten Weg.
Da hast du keine einzige Ampel bis zum
Krankenhaus.“

Johann holt einen Stadtplan hervor.
Niko wird nervös.
Er hat es eilig.
Einen Stadtplan lesen,
das geht jetzt doch nicht!

Niko hat es eilig, aber mit Johanns Stadtplan kommt er überhaupt nicht zurecht.
Auf Seite 13 ist ein Auszug aus diesem Stadtplan abgebildet. Finde den Weg vom *Dschungel* bis zum Krankenhaus, auf dem sich keine Ampel befindet. Zeichne den Weg in den Stadtplan ein.

Zum Nachdenken

3

Niko fährt los.
Es geht tatsächlich blitzschnell.
Am Krankenhaus muss er verschnaufen.
Er fragt den Pförtner nach dem Zimmer.
Der Aufzug bringt ihn zur fünften Etage.
Dann ein langer Flur. Es riecht komisch.
Zimmer 512.

Nikos Eltern sind schon da. Und Tom.
Die Oma sieht bleich aus.
Ihr Fuß steckt in einem dicken Gips.
„Ach Oma, was machst du denn?"
„Ich wollte einen Kuchen backen. Mit dem Blech in der Hand bin ich über die Katze gestolpert."
„Kuchenbacken ist eine gefährliche Angelegenheit", sagt Niko.
„Soll ich es in Zukunft lieber sein lassen?"
Niko schüttelt heftig den Kopf.
„Auf keinen Fall. Dein Apfelkuchen ist einmalig. Was ist denn mit dem Blech passiert, als du gestürzt bist?"
„Das ist auf dem Boden gelandet."
„Und der Kuchen?"
„Da fragst du am besten die Katze."

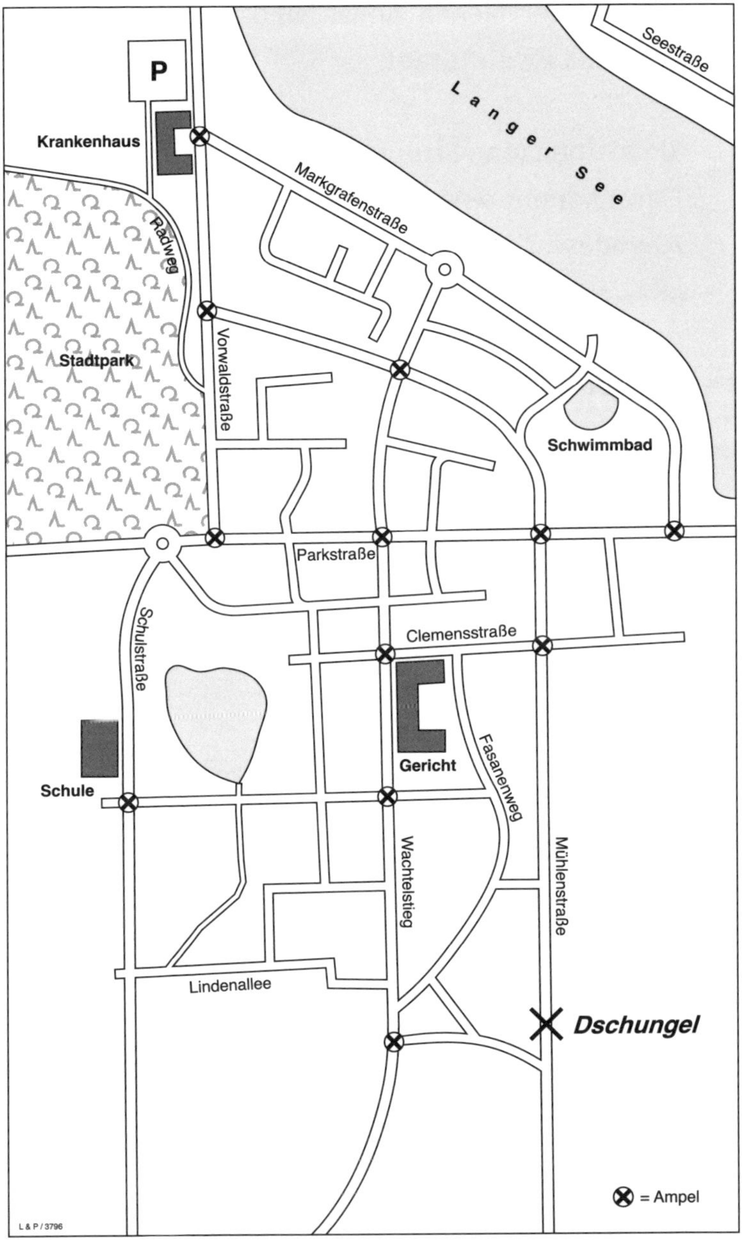
Seestraße
P
Langer See
Krankenhaus
Markgrafenstraße
Radweg
Stadtpark
Vorwaldstraße
Schwimmbad
Parkstraße
Schulstraße
Clemensstraße
Gericht
Fasanenweg
Schule
Wachtelstieg
Mühlenstraße
Lindenallee
Dschungel
= Ampel
L & P / 3796

Alle müssen lachen. Sogar Nikos Vater grinst. Die Oma ist gut drauf.

Sie bleiben eine Stunde im Krankenzimmer. Dann kommt eine Schwester und bringt das Abendessen.
„So“, sagt Nikos Mutter. „Jetzt fahren wir nach Hause. Morgen werden wir dich wieder besuchen.“

Draußen auf dem Flur bleibt Nikos Vater plötzlich stehen.
„Wolltest du nicht dein Handy abholen?“
„Klar, das hab ich“, sagt Niko.
Dann plötzlich der Schreck!
Wo ist das Handy?

Wenn du den Text genau gelesen hast, dann kannst du Nikos Frage beantworten. Falls nicht, dann lies noch einmal nach!
Wo hatte Niko das Handy zuletzt?

____

Was hat er damit gemacht?

____

Zum Nachdenken

Niko sucht in seinen Jackentaschen.
Und in den Hosentaschen.
Es ist verschwunden.
„Das kann doch nicht sein!“
„Ich werd’ wahnsinnig!“, ruft Nikos Vater.
Nikos Mutter mischt sich ein: „Jetzt mal ganz ruhig. Denk doch genau nach:
Wo hattest du es zuletzt in der Hand?
Und was hast du dann damit gemacht?“

4

Da fällt es Niko wieder ein.
„Worauf wartest du noch?“, fragt Nikos Vater.
„Fahr schnell hin!“
Er boxt Niko gegen die Schulter.
„Was man nicht im Kopf hat ...“
„Blöder Spruch“, ruft Niko.
Dann läuft er los.
Vorbei an den Leuten, durch lange Flure, zum Ausgang, über den Parkplatz.
Überall verwunderte Gesichter.
Er kümmert sich nicht darum, springt auf sein Fahrrad und fährt zurück.
Auf dem gleichen Weg, wie er gekommen ist.
Zum *Dschungel*.

Er weiß, der Treffpunkt hat schon zu, aber vielleicht ist Johann noch da. Er rennt zur Tür. So ein Mist! Abgeschlossen. Durch die Scheibe erkennt er nichts. Die Lichter sind ausgeschaltet. Er geht um das Haus. Hinten ist ein kleiner Parkplatz. Da steht ein Auto. Vielleicht ist doch noch jemand da. Eine von Johanns Katzen liegt auf dem Hof und schläft. Die Hintertür ist auch zu. Er ist zu spät gekommen. So ein Mist!

Plötzlich ein Geräusch. Ein Kratzen an der Tür. Ein Schlüssel. Die Tür geht auf. Eine Frau in einer Lederjacke. Er kann ihr Gesicht nicht erkennen. Er ruft: „Halt, was machen Sie da?“ Sie kommt aus der Tür heraus. Ach so. Es ist Ines. Eine der Kellnerinnen.

„So ein Glück, dass ich dich noch treffe! Ich hab mein Handy liegen gelassen.“ Ines verzieht den Mund.

„Mir ist nichts aufgefallen.“
„Kann ich mich mal kurz drinnen umsehen?“
„Komm morgen wieder – ich muss weg.
Habe mir ein Auto geliehen. Von meinem Freund. Und der braucht das.“
„Aber es ist wirklich dringend! Morgen früh hab ich doch Schule! Es dauert nicht länger als drei Minuten.“

Ines stößt die Tür auf und winkt Niko rein.
„Aber ganz schnell. Mein Freund mag es nicht, wenn er warten muss.“
„Danke – ich beeile mich.“

Niko sucht den Gastraum ab.
Auf den Tischen, auf den Fensterbanken, bei der Garderobe, auf der Theke.
Er spürt Ines’ Ungeduld.
Von den Wänden starren ihn die afrikanischen Masken an.
Sie sehen aus, als ob sie grinsen.
Nichts. Kein Handy.

Plötzlich steht Johann in der Tür.
„Na, gibt’s ein Problem?“
„Mein Handy ist verschwunden.“
Johann kneift die Augen zusammen.

Die Kellnerin sieht nervös auf die Uhr.
„Du kannst gehen, Ines“, sagt Johann.
„Ich kümmere mich darum.“
Sie rauscht davon. Johann grinst.
„Sie hat es immer sehr eilig. Und was ist nun mit deinem Handy?“
„Es war doch noch ganz neu! Ich hab es hier liegen lassen. Und jetzt ist es nicht mehr da.“

„Das gibt’s doch nicht“, sagt Johann.
„Hier ist doch was faul.“
Oben unter der Decke tut sich was.
Die Papageien werden munter.
„Was faul!“, ruft einer. „Was faul!“
Niko ist verwirrt.
„Was soll das heißen?“
„Es ist das dritte Handy in einem Monat, das hier verschwindet. Auch zwei MP3-Player. Und sogar eine Videokamera. Das kann kein Zufall sein.“
„Du denkst, unter deinen Gästen ist ein Dieb?“
Johann nickt. „Es muss jemanden geben, der ganz gezielt solche Geräte klaut. Das ist doch mies, oder?“
„Was faul! Was faul! Was faul!“
Einer der Papageien ist ganz außer sich.
Der andere zwinkert mit den Augen.

„Komm mit", sagt Johann. „Ich hab eine Idee."

Sie gehen ins Büro.

„Ich habe doch ein Foto gemacht. Das habe ich dann von deinem Handy an mein eigenes geschickt. Vielleicht kann man etwas darauf sehen."

Er schaltet den Computer an.

Verbindet ihn mit seinem Handy.

Nach ein paar Sekunden erscheint das Foto auf dem Bildschirm.

Es zeigt Niko und seine Freunde.

Johann kneift die Augen zusammen.

„Guck, da winkst du mir zu. Und hast gute Laune. Und jetzt? Deine Oma im Krankenhaus, das Handy weg. Hm.

Ob es einer von den anderen war?"

Niko ist empört.

„Absolut unmöglich! Das sind alles meine Freunde! Von denen klaut keiner. Ich kenne die alle ganz gut. Benny zum Beispiel: Den nennen sie Professor, weil er eine Brille trägt. Mit total dicken Rändern. Manchmal geht er mir auf die Nerven.

Er weiß immer alles ganz genau.

Lara läuft neuerdings immer mit einem schicken Handtäschchen herum, schwarzes, glänzendes Leder. Sie ist außerdem immer geschminkt. Aber sonst ist sie in Ordnung. Direkt neben ihr sitzt übrigens Jana. Dann sind da noch Paul und Marie. Paul macht ziemlich freche Sprüche. Deswegen bekommt er manchmal Ärger. Er ist jetzt mit Marie zusammen. Seitdem sehe ich ihn nicht mehr so oft. Marie ist voll in Ordnung. Heute Nachmittag kam sie gerade vom Gitarrenunterricht."

„Soso", sagt Johann. „Ist ja interessant – aber wer ist denn nun wer?"

Auf Seite 21 siehst du das Foto von Nikos Freunden – aber wer ist wer? Wenn du im Text genau nachliest, wie die Personen beschrieben werden, kannst du es herausfinden. Schreibe die Namen in die freien Felder bei den Personen.

Zum Nachdenken

5

Johann kratzt sich am Kopf.
„Also, das Foto hilft uns nicht weiter.
Aber weißt du was: Ich habe eine Webcam installiert.“
Er zeigt auf einen kleinen Kasten über der Tür.
„Ich hatte die Idee vor zwei Monaten. Als das mit der Klauerei losging. Alle fünf Minuten gibt es ein Bild. Vielleicht haben wir Glück und es ist etwas Interessantes drauf.“

„Klasse!“, ruft Niko.
„Die Bilder werden 24 Stunden lang gespeichert“, erklärt Johann. „Ich drucke sie heute Abend aus. Komm morgen Nachmittag vorbei. Dann sehen wir sie uns an.“

Niko fährt nach Hause.
Er ist irgendwie aufgeregt.
Sein Handy ist weg. Das ärgert ihn.
Aber er findet es auch spannend, nach dem Handydieb zu suchen.
Er muss diesen Dieb erwischen!

Da steht sein Vater in der Tür.
Er ist noch ziemlich sauer.

„Da bist du ja endlich! Du musst besser auf deine Sachen aufpassen!“
„Es ging alles durcheinander!“, sagt Niko. „Ich war erschrocken wegen Oma.“
Nikos Mutter sieht es etwas lockerer. „Vielleicht wurde es ja gar nicht geklaut. Ich glaube, jemand hat es gefunden und mitgenommen. Morgen fragst du alle, die da waren.“

So ein verrückter Tag!
Erst die Freude über das neue Handy.
Dann Omas Unfall.
Und am Ende das Handy weg.
Niko kann kaum einschlafen.
Wie es seiner Oma wohl geht?
Wo sein Handy jetzt wohl ist?
Und wird er den Dieb finden?

In der Nacht hat Niko einen seltsamen Traum:
Er sitzt im *Dschungel*. Ganz allein.
Dann taucht eine Gestalt auf.
So eine Art Kobold. Vielleicht ist es auch ein Affe. In der Hand hält er Nikos Handy.
Er hockt auf einem Ast, der unter der Decke hängt.
Niko will ihn erreichen.

Er springt in die Luft.
Aber der Ast hängt viel zu hoch.
„Dummer Niko“, schreit der Affe.
Immer wieder: „Dummer Niko.“
Niko ist sauer. Er wird wütend, immer wütender. Er klettert auf die Theke.
Er nimmt einen kurzen Anlauf.
Er springt so hoch wie noch nie.
Plötzlich ist der Ast unter ihm.
Und er über dem Ast.
Er fliegt so hoch, dass er die Decke streift.
Dann stürzt er in die Tiefe.
Er fällt sehr lange. Er fällt und fällt.
Er wartet auf den Aufprall.
Es muss einen furchtbaren Schlag geben.
Er hat Angst, aber er fällt noch immer.
Dann ist er in einem Krankenzimmer.
Sein Opa sieht ihn an und lächelt.
Niko streckt den Arm nach ihm aus.
Aber er kann ihn nicht erreichen.
In diesem Moment schlägt er auf.

Niko wacht auf.
Er ist aus dem Bett gefallen.
Liegt auf dem Fußboden.
Aber der Aufprall ist nicht so schlimm.
Mühsam rappelt er sich hoch.

Sein Bein tut weh.
Draußen wird es schon hell.
Er legt sich noch mal hin.
Aber er kann nicht mehr schlafen.
Die Bilder seines Traums gehen ihm durch den Kopf – er fühlt sich elend.

In Nikos Traum tauchen einige seiner Erlebnisse vom vorherigen Tag wieder auf. Aber manche Dinge sind auch anders, als sie in Wirklichkeit waren.

1. Unterstreiche im Text vier Stellen, an denen sich der Traum von der Wirklichkeit unterscheidet.
2. Was meinst du: Könnte der Traum einen Hinweis auf das Verschwinden des Handys enthalten? Begründe.
3. Wie wird die Geschichte wohl weitergehen? Und hast du eine Vermutung, was mit Nikos Handy geschehen sein könnte? Vielleicht hast du sogar einen Verdacht, wer das Handy und die anderen Dinge gestohlen haben könnte? Notiere deine Ideen auf einem Zusatzblatt.

Zum Nachdenken

6

In der großen Pause trifft Niko alle seine Freunde: Jana, Paul und Marie, Benny und Lara.
Sie stehen auf dem Schulhof.
„Los, kommt schon, ihr müsst mir helfen", sagt Niko. „Wer hat das Handy zuletzt gesehen?"

„Warte", sagt Lara.
Sie versucht, sich zu erinnern.
„Du hast mit Tom telefoniert. Wegen deiner Oma. Dann hast du das Handy hingelegt. Auf den Tisch. Das weiß ich ganz genau. Als ich später gegangen bin, waren Paul und Marie noch da. Benny wollte gerade weg."

Paul meldet sich zu Wort.
„Marie und ich haben mit Johann gesprochen. An der Theke. Wir wollten wissen, was das für eine coole Musik war, die den ganzen Nachmittag über lief. Außerdem war ja noch Jana da. Als wir gingen, saß sie am Tisch."

„Also ich", sagt Benny, „ich bin kurz nach dir gegangen, Niko. War höchste Zeit.

Musste noch Hausaufgaben machen. Lara war auch gerade verschwunden. Ich bin mir nicht sicher, ob dein Handy noch dalag. Und falls du denkst, dass ich es eingesteckt habe – ich brauche keins, wirklich nicht. Meine Eltern finden das gefährlich. Wegen der Strahlung. Die wollen das nicht."

„Ich kann mich genau erinnern", sagt Jana, „dass Paul und Marie zur Theke gegangen sind. Ich war auf dem Klo. Als ich wiederkam, habe ich nur noch kurz am Tisch gesessen. Soweit ich weiß, lag da kein Handy. Dann bin ich losgefahren. Als ich an der Tür war, habe ich Paul und Marie noch zugewinkt. Aber sie haben es wohl nicht gesehen."

Niko ist verwirrt. Die Worte schwirren durch seinen Kopf. Wie verrückte kleine Vögel. Wer war denn nun wann wo? Die Klingel schrillt. Wie – die Pause ist schon zu Ende? Paul klopft Niko auf die Schulter. „Wir werden es schon wiederfinden."

Niko geht das alles zu schnell. Die vielen Aussagen verwirren ihn. Wer von den Freunden hat denn nun wann das *Dschungel* verlassen?
Kannst du Niko helfen?
Notiere, in welcher Reihenfolge die Freunde das *Dschungel* verlassen haben.
Verbinde die Ziffern 1 bis 5 mit den zugehörigen Namen.

1	Jana
2	Paul und Marie
3	Niko
4	Benny
5	Lara

Wenn Niko genau zugehört hätte, dann wäre ihm etwas aufgefallen: Die Aussagen seiner Freunde sind in einem Punkt widersprüchlich. In welchem?

____

____

Hast du jetzt einen neuen Verdacht bezüglich des Handydiebs?

____

Zum Nachdenken

7

Am Nachmittag ist Niko mit Jana verabredet. Sie wollen zusammen Vokabeln lernen. Er geht sonst immer gerne zu ihr, denn sie kennen sich schon aus der Grundschule. Aber heute ist es anders. Niko denkt nur an das Handy und an die anderen Diebstähle. Und an das, was Jana gesagt hat: *Als ich an der Tür war, habe ich Paul und Marie noch zugewinkt. Aber sie haben es wohl nicht gesehen.* Paul hat jedoch über Jana gesagt: *Als wir gingen, saß sie am Tisch.*

Was ist denn nun richtig? War Jana die Letzte am Tisch? Niko kann sich nicht vorstellen, dass sie sein Handy klauen würde. Aber ist sie in letzter Zeit nicht irgendwie komisch? Wie war das neulich, als sie über den Urlaub sprachen? Niko fliegt im Sommer nach Südafrika. Mit seinen Eltern. Das hat er ihr erzählt. Und Jana? War plötzlich beleidigt, richtig kindisch.

Hat tagelang nicht mit ihm gesprochen.
Meinte, er prahlte mit der Südafrikareise.
Dabei freut er sich nur darauf.
Er kann doch nichts dafür, dass sein Vater
solche Geschäftspartner hat.
Die Firma zahlt den Flug. So ist das eben.

„Du bist nicht bei der Sache“, sagt Jana.
„Du schreibst die falschen Vokabeln auf.“
Niko sagt nichts. Er beobachtet sie.
Sie hat wieder dieses verkniffene Gesicht.
Dieses Neidgesicht.
Wenn er schon dieses Gesicht sieht!
Vielleicht hat sie wirklich gelogen und sein
Handy eingesteckt. Einfach so.
Aber nein – das kann doch nicht sein!

„Ich koche erst mal einen Tee“, sagt Jana.
Sie geht in die Küche.
Niko hört, wie das Wasser rauscht.
Eine Teedose klappert.
Er steht auf. Sieht sich im Zimmer um.
Pferdeposter. Irgendwelche Duftkräuter.
Im Regal eine Barbiepuppe.
Als ob Jana ein kleines Mädchen wäre!
Er öffnet eine Schublade.
Nur mal kurz reingucken.

Er weiß gar nicht, was er sucht.
Er sieht Zettel, Stifte, Krimskrams.
Und ein rotes Notizbuch. Ein Tagebuch.
Er schlägt es auf. Es gibt viele Einträge.
Jana schreibt fast jeden Tag in das Buch.
Er entdeckt seinen Namen. Sein Herz klopft.

Plötzlich steht Jana in der Tür.
„Was machst du da?"
Sie rennt zu ihm hin und reißt ihm das Buch aus der Hand.
„Du Idiot", ruft sie. „Du kannst doch nicht in meinen Sachen herumschnüffeln!"
Sie ist vollkommen außer sich und presst sich das Buch an den Bauch.
„Was schreibst du da über mich?"
„Das geht dich nichts an!"
Jana wendet sich ab. „Es ist gemein, was du da machst. Das darf man nicht."
„Und du? Nimmst es auch nicht so genau, oder?"
„Wie meinst du das?"
„Du hast gesagt, du wärst gestern vor Paul und Marie gegangen."
„Ja, und?"
„Paul und Marie haben dich aber noch gesehen, als sie gegangen sind."

„Dann habe ich mich eben vertan!
Es war so ein Gedränge an der Theke.
Ich dachte, sie stünden da noch.
Ist doch nur eine Kleinigkeit.
Du glaubst doch nicht …“

Niko sagt nichts. Er schwitzt.
Bekommt kaum noch Luft.
Er weiß nicht, was er glauben soll.
Jana starrt ihn an.
„Denkst du, dass ich dein Handy habe?
Denkst du das wirklich? Hast du hier nach dem Handy gesucht? Bist du denn vollkommen bescheuert?“
Sie rennt raus. Zurück in die Küche.
Er geht ihr nach. Langsam.
Er weiß nicht, was er tun soll.
So etwas hat er noch nie erlebt.
Jana steht vor der Spüle.
„Hör zu, ich wollte nicht …
Es ist aber doch seltsam, dass …
Du hast etwas anderes gesagt als Paul und Marie. Und außerdem …
Ich glaube, du bist neidisch auf mich.
Das ist doch ein Motiv. Das war neulich schon so wegen der Reise nach Südafrika.“

Jana nimmt die volle Teekanne. Sie kippt den Tee in den Ausguss. Dann dreht sie sich um. Sie hat Tränen im Gesicht.
„Hau ab."
„Wieso denn das jetzt?"
„Verschwinde! Sofort!"

Niko steht da. Ihm fällt nichts mehr ein. Kein Wort. Nichts.
Er holt seine Sachen aus ihrem Zimmer. Dann die Jacke von der Garderobe. Jana ist noch immer in der Küche. Er ruft: „Tschüss!"
Sie antwortet nicht.
Er zieht die Haustür hinter sich zu.

Jana fühlt sich mies. Sie schreibt abends wieder in ihr Tagebuch.
Niko überlegt zu Hause, ob er sich richtig verhalten hat. Auch er fängt an, Tagebuch zu führen und seine Erlebnisse und Gedanken aufzuschreiben.
Stell dir vor, du bist Jana *oder* Niko. Schreibe die Tagebucheintragung für die gewählte Person auf ein Zusatzblatt (Ich-Form).

Zum Nachdenken

8

Niko ist durcheinander. Nein, er ist verzweifelt. Er macht alles falsch. Er weiß nicht, wie es weitergehen soll. Seine einzige Hoffnung ist Johann. Johann und die Bilder von der Webcam.

Im *Dschungel* sind kaum Gäste. Johann arbeitet im Büro. Niko erzählt ihm von dem Streit mit Jana. „Du musst vorsichtiger sein!“ Er klopft Niko auf die Schulter. „Wenn du deine Freunde verdächtigst, kannst du leicht jemanden kränken. Und ehrlich gesagt: In Janas Schreibtisch herumzusuchen, das war nicht in Ordnung. Dafür solltest du dich entschuldigen.“

Niko zuckt mit den Schultern. „Ich will doch nur mein Handy wiederhaben.“ „Komm, ich zeig dir was“, sagt Johann. Sie gehen nach nebenan in das Affenzimmer. Auf dem Schreibtischstuhl sitzt Coco, der Zwergaffe. Er hält ein Papier in seinen Pfoten. „Mach, dass du da wegkommst!“

Johann packt den Affen blitzschnell und nimmt ihm das Papier aus der Hand.

Coco springt auf einen Schrank. „Da kannst du von mir aus bleiben“, brummt Johann. Er legt das Papier auf den Schreibtisch. Es ist ein Fotoausdruck. Da liegen noch andere Bilder – die ausgedruckten Fotos aus der Webcam. „So ein Mist“, ruft Johann. „Coco hat sie durcheinandergebracht. Jetzt müssen wir sie wieder sortieren.“

„Gar nicht so einfach“, sagt Niko. „Es war so: Erst bin ich gegangen. Dann nacheinander alle anderen. Aber wer als Letzter gegangen ist, weiß ich nicht. Vielleicht finden wir es heraus. Und vielleicht sehen wir ja, wann das Handy verschwunden ist.“

Auf Seite 36 und 37 siehst du fünf Fotos aus der Webcam. Finde die richtige Reihenfolge heraus und notiere entsprechend die Buchstaben A bis E. Beantworte dann die Fragen.

Zum Nachdenken

A
B
C
D

Man kann auf den Fotos der Webcam nicht sicher erkennen, wer als Letzter gegangen ist. Wer könnte es sein?

______________ oder ______________

oder ______________

Kann Jana das Handy gestohlen haben?

☐ Ja ☐ Nein

Meine Begründung: ______________

____

____

____

Zum Nachdenken

9

„Das hast du gut gemacht“, sagt Johann und schmunzelt. „So müsste es gewesen sein. Wissen wir jetzt mehr? Was wissen wir denn überhaupt?“

Niko denkt nach.

„Das Handy fehlt auf den letzten beiden Bildern.“

„Richtig. Was noch?“

„Paul, Marie und Jana waren noch da, als es verschwand. Die anderen waren weg.“

„Gut. Noch etwas?“

„Auf dem letzten Bild ist nur Jana.“

„Ist Jana die Letzte?“

„Paul und Marie könnten noch an der Theke stehen.“

„Okay. Sehr genau beobachtet. Wir können also sagen: Nach den Bildern hätten alle drei die Möglichkeit gehabt, das Handy einzustecken, oder?“

Niko fühlt sich elend.

Er will die Bilder nicht mehr sehen.

Er hat ein schlechtes Gewissen.

„Was ist?“, fragt Johann.

„Es kann nicht sein. Keiner von denen würde das machen.“

Johann lächelt. Aber es ist ein sonderbares Lächeln. Als ob er Schmerzen hätte.
„Das solltest du dir merken: Solche Bilder können helfen. Aber man muss auch erkennen, was sie *nicht* verraten."

Niko schüttelt den Kopf.
„Ich verstehe nicht, dass du dich darüber freust, wenn wir nichts herausfinden."
„Das tue ich ja nicht", sagt Johann. „Aber es ist mir wichtig, dass du niemanden beschuldigst, wenn du nicht ganz sicher bist."

Niko sieht sich die Bilder noch mal an.
„Wer ist eigentlich dieser Typ hier auf Bild E, der sich mit Jana unterhält?"
Johann zuckt mit den Schultern.
„Vielleicht fragt er sie, ob der Stuhl frei ist. Ich glaube, wir kommen hier nicht weiter. Wir müssen einen anderen Weg finden."
„Und welchen?"
„Das weiß ich noch nicht."

Niko geht nach Hause.
Er kann in der Nacht nicht gut schlafen.
Immer wieder muss er an Jana denken und an ihr Tagebuch.

Er denkt auch daran, wie es wohl sein wird, wenn er Jana und den anderen in der Schule wieder begegnet.

Am Morgen klingelt der Wecker, diesmal besonders schrill und laut.
Der Bus fährt ausnahmsweise pünktlich.
Der Schulgong klingt unerhört fröhlich.
Niko hat einen Kloß im Hals, als er die Klasse betritt.
Wo ist Jana? Ihr Platz ist leer.
Sie ist nicht zu sehen.

Der Unterricht beginnt.
Mathematik. Ein neues Thema.
Jana ist noch immer nicht da.
Dann kommt Englisch.
Der Vokabeltest, für den sie geübt haben.
Niko kann sich nicht konzentrieren.
Als er sein Blatt abgibt, fehlt die Hälfte.

In der großen Pause trifft er Benny.
„Hast du etwas von Jana gehört?"
„Wieso ich?" Benny schielt ihn durch seine dicken Brillengläser an.
„Ihr versteht euch doch sonst so toll."
„Bist du etwa eifersüchtig?"

„Quatsch – ich doch nicht."

Sie gehen über den Schulhof.

„Ich hab nachgedacht", sagt Benny.

„Über Jana?"

„Über die Sache mit dem Handy."

„Und? Ist dir doch etwas aufgefallen?"

„Nee, das nicht."

Der Schulgong ertönt schon wieder.

„Aber ich habe eine Idee. Die ist gut, eigentlich sogar genial."

„Nun mach es nicht so spannend. Die Pause ist ja schon vorbei."

Benny nimmt Nikos Arm.

„Also, es ist ziemlich einfach. Wir müssen dem Dieb eine Falle stellen."

„Eine Falle? Und wie?"

Benny hebt die Schultern.

Er zieht Niko zum Schulgebäude.

Ich denke darüber nach."

Hast du eine gute Idee für eine Falle? Schreibe sie auf.

____

____

____

Zum Nachdenken

10

Zwei Schulstunden später. Die nächste Pause. Benny ist ganz rot im Gesicht. „Jetzt weiß ich es!" Er schiebt hektisch seine Brille zurecht. „Wir legen einen Köder aus." „Was für einen Köder?" „Na, überleg doch mal: irgendein interessantes Gerät, ein Handy oder einen MP3-Player. Das lassen wir auf einem Tisch liegen oder an der Garderobe. Der Dieb nutzt jede Möglichkeit. Er wird sicher zuschlagen."

„Na ja", sagt Niko. „Interessanter Vorschlag. Aber wer gibt uns freiwillig sein Handy?" Benny lässt sich nicht aufhalten. „Da wird sich schon was finden." Niko glaubt nicht an die Idee. Aber irgendwie muss es ja weitergehen. „Lass uns noch mit Johann reden", sagt er. „Wir treffen uns um drei im *Dschungel*."

Nach dem Mittagessen besucht Niko seine Oma. Es geht ihr schon viel besser. Gerade ist jemand bei ihr.

Hilde, eine Nachbarin.

„Wir kennen uns seit hundert Jahren“, sagt Hilde.

„Sehr witzig.“

„Deine Oma kennt mich fünfzig Jahre, und ich kenne sie fünfzig Jahre. Macht zusammen hundert. Oder kannst du das noch nicht rechnen?“

Niko verkneift sich ein Lachen. Wenn Hilde da ist, kommt er nicht oft zu Wort. Man hört ihre Stimme schon von Weitem. Hilde redet und Oma lächelt.

„Ist das nicht verrückt?“, fragt Hilde. „Jetzt liegt deine Oma hier. Vor zwei Monaten war ich dran. Ich hatte den rechten Fuß gebrochen. Fast genau wie deine Oma.“

„Bist du auch beim Backen gestolpert?“

Hildes Gesicht wird grimmig.

„Nein, viel schlimmer. Vor dem Supermarkt ist es passiert. Auf dem Parkplatz. Ein Auto ist rückwärtsgefahren. Die haben mich glatt übersehen. Ich bekam einen Stoß und fiel hin. Und weißt du, was dann passiert ist?“

„Nein, woher?“

Niko sieht seine Oma an. Die gähnt. Sie kennt die Geschichte wohl schon.

„Also“, sagt Hilde, „da steigt einer aus dem

Auto aus und dreht sich zu mir um. Er sieht, dass ich da auf dem Boden liege. Ich denke: Jetzt kommt er, um mir zu helfen oder sich zu entschuldigen. Aber was passiert? Der Kerl sagt etwas. Aber nicht zu mir. Er ruft: ‚Schatz, was machst du für eine Scheiße!' Damit meinte er wohl die Frau, die am Steuer saß. Den Satz hab ich noch im Kopf. Dann ist er wieder eingestiegen und das Auto ist davongebraust. Ich könnte in die Luft gehen, wenn ich nur daran denke."

„Konntest du das Auto erkennen? Oder das Nummernschild?"
Hilde schüttelt den Kopf.
„Hab ich gar nicht dran gedacht. Und ich hab doch auch keine Ahnung von Autos. Hinten drauf war ein Aufkleber. Ein Vogel. Vielleicht ein Adler. Der Schnabel war abgebrochen. Das fiel mir auf. Aber sonst nichts."
„Und was hat die Polizei gesagt?"
Hilde hebt die Schultern und wirft die Hände in die Luft.
„Was die halt so sagen: ‚Haben Sie Geduld. Wir ermitteln.' Das tun sie schon seit zwei Monaten. Aber passiert ist nichts."
Sie steht auf.

„Du wolltest ja deine Oma besuchen.
Und nicht mich."
Sie umarmt Nikos Oma.
„So ist das, Else. Die Welt ist schlecht."
Sie drückt Niko einen Kaugummi in die Hand.
Dann geht sie.

„Da könntet ihr doch mal Detektiv spielen",
sagt Nikos Oma.
„Wir haben schon einen Fall. Mein neues
Handy ist weg. Und auch andere Geräte.
Im *Dschungel* ist ein Dieb am Werk."
Seine Oma kneift die Augen zusammen.
„*Dschungel*? Gehört das nicht diesem Johann
Kauzky? Den kenne ich. Oh ja – und *wie* ich ihn
kenne! Das ist doch ein Schlitzohr."
„Oma! Wie meinst du das? Johann ist total
nett."
„Doch, doch. Er war mal auf einem Schiff.
Als Leichtmatrose. Und das sind alles
Bauernfänger."
Niko wundert sich.
Seine Oma wird richtig munter.
„Weißt du, damals, als ich noch jung war.
Da hatte ich eine Freundin. An die hat er sich
rangemacht und um ihre Hand angehalten. Sie
hoffte auf eine gute Partie. Aber plötzlich

war er verschwunden. Ein ganz schräger Vogel."
„Oma! Was erzählst du denn da? Ich verstehe gar nicht, was du meinst!"
„Es heißt sogar, sie hätten ihn hinter schwedische Gardinen gesteckt. Ich habe das aus erster Hand erfahren. Der hat so einiges auf dem Kerbholz. Jetzt ist er wieder da und wäscht seine Hände in Unschuld."

Niko wird jetzt ernsthaft sauer.
Wie Oma über Johann redet!
Er will ihr gründlich die Meinung sagen.
Aber da kommt sein Vater ins Zimmer.
„Niko! Du hier? Musst du keine Hausaufgaben machen?"
Niko guckt auf die Uhr. Viertel vor drei.
„Ja, ja", sagt er. „Ich geh ja schon."

Es wird wirklich Zeit.
Aber nicht für die Hausaufgaben.
Er ist ja mit Benny verabredet.

Nikos Oma verwendet zahlreiche Redensarten. Finde heraus, was die folgenden Ausdrücke bedeuten und schreibe kurze Erklärungen auf.

Schlitzohr: ______________________________

Bauernfänger: ______________________________

um die Hand anhalten: ______________________________

____

auf eine gute Partie hoffen: ______________________________

____

schräger Vogel: ______________________________

hinter schwedische Gardinen stecken: ______________________________

____

etwas aus erster Hand erfahren: ______________________________

____

etwas auf dem Kerbholz haben: ______________________________

____

die Hände in Unschuld waschen: ______________________________

____

Zum Nachdenken

11

Vor dem *Dschungel* trifft Niko auf Benny. „Lass uns gleich ins Büro gehen.“ Sie erzählen Johann von ihrem Plan. „Wir müssen einen Köder auslegen. Wenn der Dieb dann zugreift, schnappt die Falle zu.“ Johann klopft Niko auf die Schulter. „Das ist eine gute Idee. So gut, dass sie mir auch schon kam.“ Niko wird rot. Er zeigt auf Benny. „Eigentlich stammt die Idee von ihm.“ Benny grinst. „Aber den Dieb fangen wir gemeinsam.“

Johann hat plötzlich etwas in der Hand: ein Handy, und zwar ein ziemlich teures. „Das ist noch recht neu. Ich würde es euch geben. Schließlich will ich ja auch wissen, wer hier klaut. Ihr müsst aber gut darauf aufpassen!“

Er hält Benny das Handy vor die Nase. „Hier! Du gehst gleich rüber in den Gastraum. Da setzt du dich an die Theke. Trink eine Cola und tu so, als ob du auf jemanden wartest. Nachher lässt du das Handy liegen.“

Benny starrt auf das Gerät und dann auf Johann, dann wieder auf das Handy.
„Okay – ja, also ..."
Johann lächelt.
„Es war doch deine Idee – also darfst du auch den Köder auslegen. Oder hast du plötzlich Angst bekommen?"

Benny nimmt das Handy und dreht es hin und her. Das Gehäuse glänzt dunkelrot. Wie ein Edelstein.
„Es ist schon ein komisches Gefühl ... so ein Ding einfach liegen zu lassen."
Johann reibt sich die Hände.
Er zeigt auf Niko.
„Du wirst es beobachten. Verlier es nicht aus den Augen! Verhalte dich unauffällig. Du kannst in einer Zeitschrift lesen. Mach es so."
Er nimmt eine Zeitschrift und es sieht so aus, als ob er liest, aber in Wirklichkeit guckt er über den Rand.
„Wie ein Agent", sagt Niko.

„Und wenn jemand das Handy nimmt, schlägst du Alarm."
Niko muss schlucken.
„Okay. Und was machen wir, wenn ...?"

„Ihr werdet doch nicht kneifen?“

Johann muss lachen.

„Damit nichts schiefgeht, mache ich euch einen Vorschlag. Was haltet ihr davon?“

Er faltet einen Zettel auseinander.

„Man kann ein Handy orten lassen. Dann weiß man immer ganz genau, wo es sich gerade befindet. Hier steht, wie das funktioniert.“

Er streicht das Papier glatt.

„Ich denke, das werdet ihr verstehen.“

Es ist eine ziemlich komplizierte Zeichnung.

Niko dreht das Blatt hin und her.

„Wie ist denn das gemeint? Ich verstehe nur Bahnhof.“

Benny rückt seine Brille zurecht.

„Zeig mal her.“

Johanns Zeichnung (Seite 51) ist unvollständig, denn die Zahlen, die bei den Erläuterungen stehen, müssen sich in der Zeichnung wiederfinden. Trage sie an den richtigen Stellen ein.

Zum Nachdenken

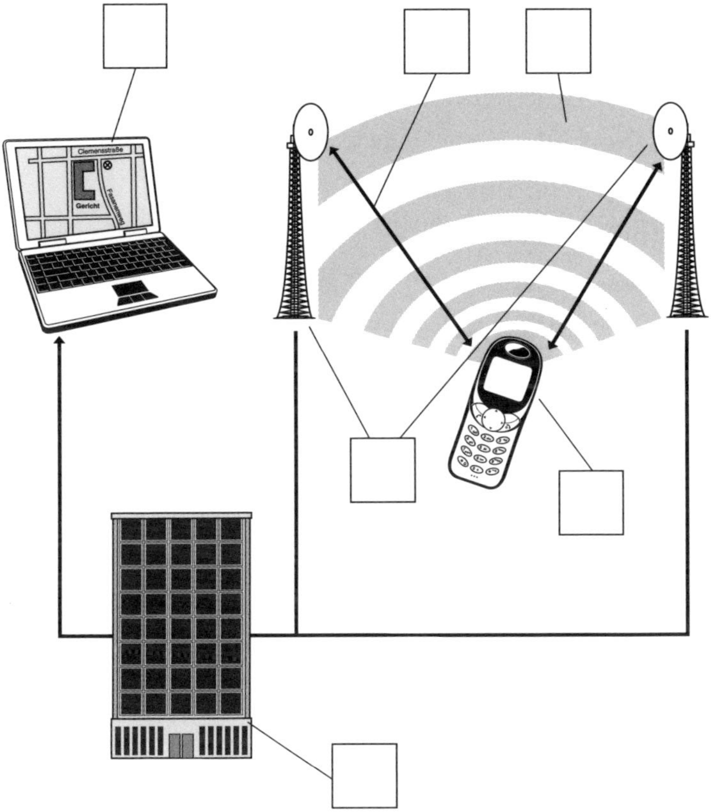

1. Mobiltelefon
2. Sendestationen des Mobilfunkanbieters
3. Das Mobiltelefon sendet Signale.
4. Die Entfernung zum Handy wird berechnet.
5. Die Verknüpfung der Daten durch den Mobilfunkanbieter ermöglicht eine genaue Ortsbestimmung.
6. Die Ortsangaben werden auf dem Bildschirm angezeigt.

12

Niko ist begeistert.
„Das ist ja super! Das müssen wir ausprobieren!“
Johann freut sich.
„Na, ich hab mir gleich gedacht, dass euch das gefällt. Deshalb habe ich schon alles organisiert. Wir können sofort starten.“

Benny nimmt das Handy.
„Na dann – auf geht’s.“
Er verschwindet im Gastraum.
Fünf Minuten später folgt ihm Niko.
Im *Dschungel* sind inzwischen viele Leute.
Sicher um die vierzig, fast alles Jugendliche.
Überall Stimmen, Musik, Gelächter.
Niko merkt, wie seine Knie weich werden.
Verdammte Aufregung.
Er setzt sich auf einen Barhocker und nimmt sich eine Zeitschrift.
Sein Herz klopft, aber nach außen bleibt er ganz cool.
Das Handy hat er im Blick.
Benny trinkt seine Cola aus.
Er schaut nicht zu Niko rüber.
Nicht ein einziges Mal.

Er starrt nur vor sich hin. Es sieht aus, als ob er sich über jemanden ärgert. Dann steht er plötzlich auf und geht. Das Handy bleibt liegen.

Jetzt kommt es auf Niko an. Das Handy liegt neben dem leeren Glas. Der Barkeeper räumt das Glas weg. Das Handy fasst er nicht an. Wahrscheinlich denkt er, dass Benny gleich wiederkommt. Aber er kommt nicht. Niko wippt mit dem Fuß. Es passiert nichts. Leute kommen und gehen. Es wird immer voller. Ein Riesengedränge. Jetzt steht da ein ganzer Trupp. Sie wollen bezahlen. Können die nicht woanders hingehen? Für kurze Zeit ist das Handy verdeckt. Aber dann wird es etwas leerer. Alles klar. Es ist noch da. Niko blättert in der Illustrierten. Eine Autozeitschrift. Er interessiert sich gar nicht dafür. Plötzlich ein Schlag von rechts. Er hat den Typen nicht kommen sehen.

Und der Typ ist gestolpert.
In der Hand zwei Gläser mit Kirschsaft.
Ausgerechnet Kirschsaft.
Alles über Nikos T-Shirt.
Ein weißes T-Shirt und Kirschsaft.
Das sieht aus wie nach einer Schießerei.
„Mensch, kannst du nicht aufpassen?“
Der Typ stellt das halb volle Glas ab.
„Wieso aufpassen? Wie sitzt du denn hier? Man kann hier ja gar nicht durch!“

In Nikos Kopf dreht sich alles.
Er hat das Gefühl, dass er gerade reingelegt wird.
Der Typ will tatsächlich weitergehen.
Niko hält ihn am Ärmel fest.
„Und wie stellst du dir das vor? Die Leute denken doch, ich komme aus dem Schlachthof.“
Er zeigt auf sein T-Shirt.
„Mann, keine Ahnung. Ich hab leider keinen Ersatz dabei. Sonst immer, aber heute nicht.“

So ein Idiot! Was der für Sprüche draufhat!
„Das wird Mama für dich waschen. Dann ist alles wieder gut.“
Niko schüttelt den Kopf.

So was hat er noch nie erlebt.
Wenn er nicht gerade so beschäftigt wäre!
Er muss doch schnell mal ...
Nein ...!
Das darf doch nicht wahr sein ...!
Das Handy ist verschwunden!
Er springt auf.
Der Typ mit dem Kirschsaft sieht ihn an.
Er legt es auf eine Prügelei an.
Aber Niko lässt ihn stehen und geht zu Bennys Platz. Das Handy ist wirklich weg!
Links sitzt ein Pärchen –
die sind mit sich selbst beschäftigt,
schon seit einer halben Stunde.
Und rechts träumt einer vor sich hin und trinkt Kaffee.
Niko rüttelt ihn an der Schulter.
„Entschuldigung. Hier lag eben ein Handy.
Hast du vielleicht gesehen ...?“
Der Blick sagt alles. Er ist fast so leer wie die Kaffeetasse.
Das Pärchen muss Niko erst gar nicht fragen.
Er winkt den Barkeeper zu sich.
Der trocknet sich die Hände ab.
Von einem Handy weiß er nichts.
Dann ist er schon wieder weg.
So ein Mist!

So ein unglaublicher Mist! Niko sieht sich um. Sieht Leute, die reden. Leute, die lachen. Alles so normal. Das Normale dreht sich. Er bekommt keine Luft mehr. Er muss raus. Er sieht etwas, aus den Augenwinkeln. Der Typ mit dem Kirschsaft kommt. Will er Streit? Oder will er sich entschuldigen? Egal. Niko rennt weg. Aus dem Gastraum, über den Flur und ins Büro.

13

Johann und Benny: Ihre Gesichter – wie sie ihn anstarren! „Wie siehst du denn aus?“, ruft Benny. Ach so – der Kirschsaft. „Das ist nur Saft – kein Problem. Aber das Handy ist weg.“ „Waaas?“ Benny springt auf. Er packt Niko an den Schultern. „Wie konnte das passieren?“ „Da war dieser Typ“, sagt Niko, „zwei Gläser Saft, voll bis zum Rand.

Dann ist er gestolpert. Alles auf mich drauf.
Und er fing auch noch Streit an. Ich war abgelenkt. Es war nur ganz kurz. Wirklich!
Als ich mich umdrehte …"

Benny lässt sich auf den Stuhl fallen.
„Oh Mann – das glaub ich nicht."
Es ist Niko wirklich peinlich.
Aber Johann grinst.
„Keine Panik. Wollt ihr was trinken?
Vielleicht einen Kirschsaft?"
Benny schüttelt den Kopf.
„Ist dir das alles völlig egal? Eben ist dein Handy geklaut worden!"

Johann schnippst mit den Fingern.
„Dann müssen wir eben nachlegen."
Er dreht sich um und tippt auf der Tastatur des Computers herum.
„Ich schicke jetzt den Auftrag los. Es dauert einen Moment. Dann wird das Handy geortet."
Er lehnt sich wieder zurück und streicht sich über den Schnauzbart.
Johann aus der Ruhe bringen?
Da muss schon jemand anders kommen.
Er zeigt auf Niko.
„Was ist mit deinem T-Shirt?

Die Flecken sehen wirklich übel aus.
Hier, zieh das Hemd an; das nehme ich immer, wenn ich das Affenzimmer reinige."
Er reicht Niko ein kariertes Hemd.
„Ihh – stinkt nach Affe."
Johann lacht.
„Besser Affe als wandelnde Kirsche."

Die Minuten ziehen sich hin wie Kaugummi.
Endlich – ein Signal aus dem Computer!
„Es kommt etwas!"
Auf dem Bildschirm erscheint eine Skizze.
„Das ist ein Auszug aus dem Stadtplan", erklärt Johann.
Niko wird immer ungeduldiger.
Dann die Meldung:
Das System ist zurzeit gestört.
Bitte haben Sie etwas Geduld!

„Ich werd' wahnsinnig", ruft Benny.
„Da verlässt man sich ein einziges Mal auf die Technik ..."
„Nur keine Panik."
Johann kaut auf seiner Unterlippe herum.
„Wir bekommen das schon hin. Vielleicht ist er sowieso noch hier."
„Was? Hier im *Dschungel*?"

Benny zeigt auf die Tür.
„Aber dann müssten wir doch ...
Wir müssen etwas unternehmen!“
Johann lehnt sich zurück.
„Willst du eine Umfrage starten? Oder die Leute durchsuchen? Das gibt einen Riesenärger. Nein – wir warten einfach ab.
Wie gesagt: keine Panik.“

Sie warten.
Zehn Minuten. Zwanzig Minuten. Eine Stunde.
Dann ist es 18 Uhr. Der Treffpunkt schließt.
Die letzten Gäste gehen.
Es wird still.
Johann steht auf und seufzt.
„Dann werde ich mal die Tiere füttern.“
„Warte!“, ruft Benny. „Da ist etwas. Eine neue Meldung.“
Die Kartenfunktion ist defekt.
Wählen Sie „Wegbeschreibung“!

„Was soll das heißen?“, fragt Niko.
Johann beißt sich auf die Lippe.
„Man kann sich den Standort nicht im Stadtplan anzeigen lassen. Sie geben nur eine Beschreibung aus, wie man zum Zielpunkt kommt. Das ist etwas komplizierter.“

Auf dem Bildschirm von Johanns Computer erscheint dieser Text:

Sie finden Ihr Handy, wenn Sie der folgenden Beschreibung folgen:

Ausgangspunkt: Mühlenstraße 37

- *Mühlenstraße nordwärts fahren*
- *zweite Straße rechts*
- *am Kreisverkehr halb links*
- *hinter der Martinskirche die dritte Straße rechts*
- *über den Kanal*
- *kurz auf die Schnellstraße, Abfahrt „Oststadt“*
- *Industrieweg, dann dritte Straße rechts*

Zielpunkt: Hausnummer 14

Zeichne den Weg in der Karte auf Seite 61 ein. Das *Dschungel* ist mit einem Kreuz markiert. Wie heißt die Straße, in der sich das Handy befindet?

Zum Nachdenken

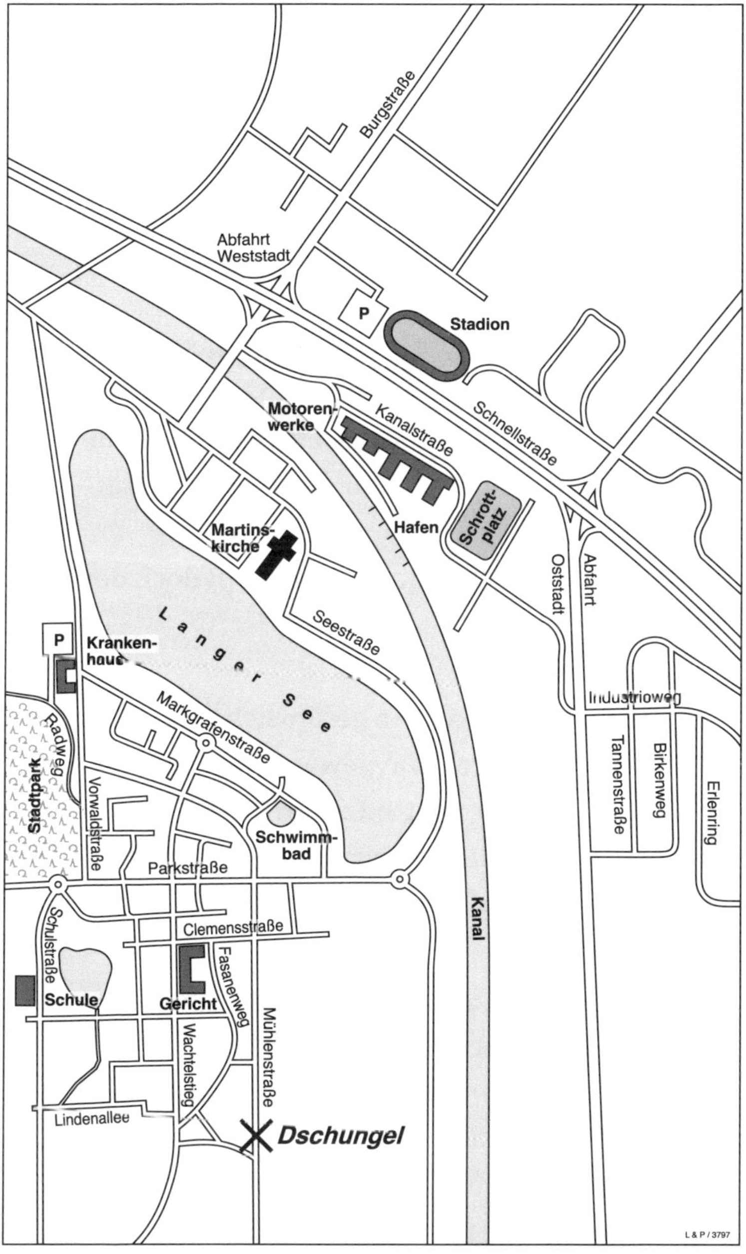
Burgstraße
Abfahrt Weststadt
P
Stadion
Motoren-werke
Kanalstraße
Schnellstraße
Schrott-platz
Hafen
Martins-kirche
Oststadt
Abfahrt
Langer See
Seestraße
P
Kranken-haus
Industrieweg
Markgrafenstraße
Radweg
Stadtpark
Vorwaldstraße
Tannenstraße
Birkenweg
Erlenring
Schwimm-bad
Parkstraße
Kanal
Schulstraße
Clemensstraße
Fasanenweg
Schule
Gericht
Mühlenstraße
Wachtelstieg
Lindenallee
Dschungel
L & P / 3797

14

„Los, komm.“
Niko hat schon die Jacke in der Hand.
Aber Benny zögert.
„Was machen wir, wenn wir da sind?“
„Das werden wir dann sehen.“
Niko ist ungeduldig. Er muss etwas tun.
„Ich sehe das auch so“, sagt Johann. „Versucht, dieses Haus zu finden, und schreibt auf, wer da wohnt. Dann können wir zur Polizei gehen.“
Niko ist enttäuscht.
„Sollen wir nicht klingeln? Ich will doch den Dieb finden.“
Johann winkt ab.
„Lieber nicht – könnte gefährlich sein.
Außerdem ist er dann gewarnt und schlägt einfach die Tür zu. Und wenn die Polizei kommt, sind alle Beweise verschwunden.
Beeilt euch. Bald wird es dunkel.“

Niko und Benny machen sich mit den Fahrrädern auf den Weg.
Sie dürfen nicht auf die Schnellstraße.
Also nehmen sie, nachdem sie den Kanal überquert haben, eine andere Route.
Hier wird die Stadt immer hässlicher.

Fabriken, Bürogebäude, ein Schrottplatz. Lastwagen donnern an ihnen vorbei. Es riecht nach Staub und verbranntem Gummi. Im Erlenring ist es etwas ruhiger. Links und rechts große Wohnanlagen. Nummer 14 – sie sind am Ziel. „Oh Mann“, stöhnt Benny. „Das darf doch nicht wahr sein!“ Der Wohnblock ist höher als die anderen. Steht da wie ein gewaltiger Felsen. Niko zählt zehn Etagen. Sie gehen zum Eingang. Es gibt 54 Klingelknöpfe, angeordnet auf einer riesigen Tafel. Die Eingangstür ist aus Glas. Sie halten die Köpfe dicht an die Tür, aber es ist nicht viel zu erkennen. Die Wände im Flur sind mit Farbe beschmiert. Am Aufzug leuchtet ein rotes Lämpchen.

„So ein Mist“, sagt Niko. „Irgendwo in diesem Kasten sitzt ein Dieb mit dem Handy von Johann. Und vielleicht auch mit meinem Handy und noch vielen anderen Geräten. Aber wie sollen wir ihn finden?“ Sie gehen um das Gebäude herum, als ob sie den Dieb einkreisen könnten.

Ein schmaler Weg führt zum Parkplatz.
Sie gehen zwischen Autoreihen hindurch.
Viele Kleinwagen und ältere Modelle.
Niko liest die Nummernschilder und
Aufkleber.
Bad Boy steht da und *Streetfighter*.
Ein Tiger im Sprung.
Ein Adler, dem der Schnabel fehlt.
Das Logo eines Fußballklubs.
Niko versucht, alles mit seinen Blicken
einzufangen – wie eine Kamera.
„Los, lass uns verschwinden“, sagt Benny.
Seine Stimme klingt ängstlich.
„Es wird schon dunkel.“
Aber Niko will noch nicht.
Irgendwo muss es einen Hinweis geben.
Bestimmt hat er ein Zeichen nicht beachtet,
aber er weiß nicht, was es war.

Niko hat ein Zeichen nicht beachtet, das ihm vielleicht weiterhelfen kann. Was ist es?

____

____

Zum Nachdenken

BVB 09
STREET FIGHTER
B·AR 610
F·LB 705
Bad Boy
FM 201

15

Als Niko nach Hause kommt, ist es schon dunkel.
„Wo warst du denn den ganzen Tag?“
Sein Vater hat schlechte Laune – wie so oft in letzter Zeit.
„Ich war bei Johann. Dann noch mit dem Fahrrad unterwegs.“
„Und deine Hausaufgaben?“
„Das *sind* meine Hausaufgaben. Ich muss den Handydieb finden.“
„Wie bitte?“
„Wir haben immerhin eine Spur. Hast du mal vom Erlenring gehört?“
Nikos Vater lehnt sich zurück. Auf seiner Stirn erscheinen Falten.
„Erlenring – eine üble Gegend. Da solltest du nicht allein hingehen. Hast du verstanden? Überlasst die Sache lieber der Polizei.“
Erst fünf Minuten ist Niko zu Hause, und schon hat er das Gefühl, dass er keine Luft mehr bekommt.
„Ich passe auf mich auf“, sagt er. „Und jetzt gehe ich in mein Zimmer. Ich möchte Hausaufgaben machen.“

Nikos Mutter hat die ganze Zeit zugehört. Sie räumt die Küche auf, jetzt sieht sie um die Ecke und winkt Niko zu sich heran.

„Willst du nicht was essen? Und dann erzähl mal. Was ist los am Erlenring?"

Niko setzt sich auf den Hocker am Fenster. In der Küche riecht es nach Milchreis. Er erzählt von dem Tag.

„Mensch", sagt seine Mutter, „ihr habt euch ja richtig reingehängt. Aber Papa hat recht – seid vorsichtig."

Niko kommt eine Idee. Warum hat er nicht früher daran gedacht? Seine Mutter arbeitet bei der Stadt.

„Sag mal – der Handydieb hat ja vielleicht schon früher mal geklaut. Gibt es da nicht solche – wie heißt das – solche Verzeichnisse?"

„Du meinst: Dateien, Datenbanken?"

„Genau. Eine Datei mit Kriminellen."

„Das ist Sache der Polizei. Nur bei Jugendlichen ist es anders. Da kennt sich das Jugendamt aus."

„Das ist doch super. Wahrscheinlich suchen wir ja einen Jugendlichen."

„Und du meinst, da kann man mal eben

nachfragen: ‚Was ist am Erlenring 14 los? Wer wohnt da? Was hat er verbrochen?' So geht das aber nicht. Es gibt Datenschutz und so was. Und das ist auch gut so."
„Aber du kennst doch da bestimmt einen, der dir mal einen Gefallen tun könnte."
Sie lacht.
„Ja, die warten alle darauf, dass sie mir einen Gefallen tun können. Nee, nee – da müsst ihr euch anders helfen."

Niko setzt sich an den Schreibtisch, aber er kann sich nicht konzentrieren.
Er muss immer an das Haus am Erlenring denken, ein Haus wie ein Schrank voller Menschen, verteilt auf 54 Schrankfächer – und irgendwo dazwischen der Dieb mit Nikos Handy.

Niko holt sein Tagebuch heraus und schreibt seine Gedanken zum vergangenen Tag auf. Auch das Verhalten seiner Eltern beschäftigt ihn noch. Stell dir vor, du bist Niko. Schreibe den Tagebucheintrag für ihn (Zusatzblatt): *Liebes Tagebuch! Ich ...*

Zum Nachdenken

Später liegt Niko im Bett und kann nicht einschlafen, weil seine Gedanken immer noch hin und her springen – wie Zwergaffen.

Von seinem Vater zu seiner Oma, von der Oma zu Hilde, von Hilde zu Johann, von Johann zum Typ mit dem Kirschsaft, von dem zu Benny.

Niko fand Benny immer sonderbar, ein kleiner Professor eben, aber er hat gute Ideen.

Vielleicht ist Benny sein Freund.

Niko weiß es nicht genau.

Und wohin springen die Gedankenzwergaffen jetzt? Von Bennys Schulter – auf Janas Rücken.

Jana liegt im Bett und hustet, wahrscheinlich hat sie eine Grippe, sie leidet.

Dann dreht sie sich um und Niko kann ihr Gesicht sehen.

Jana macht ihm Vorwürfe.

Sein Herz schlägt etwas heftiger, wenn er an sie denkt, und er wünscht sich, in ihrer Nähe zu sein.

Er würde ihr gern etwas erzählen.

Von seinem Leben und seinen Erlebnissen.

Vom letzten Urlaub, vom Surfen in Spanien, Disko bis zum späten Abend und nachts noch am Strand.

Er wünscht sich Jana herbei, aber es soll eine Jana sein, die ihm zuhört und ihn toll findet.

Er weiß, dass es so nicht ist, aber er wünscht es sich wirklich sehr.
Als er heute Abend nach Hause kam, wollte er Jana anrufen, aber dann hat er es gelassen.
Heute nicht, dachte er, morgen vielleicht, wenn sie dann noch nicht in der Schule ist.
Er überlegt, was er ihr sagen soll, wenn er sie wiedersieht, aber er weiß es nicht.
Er liegt noch lange wach. Werden die Gedankenaffen noch weiterspringen?
Nein, sie springen nicht mehr.
Sie bleiben bei Jana. Bis zum Morgen.
Niko schläft ein.

In der Nacht träumt Niko von einem Gespräch mit Jana, in dem sie ihm zuhört und ihm auch ihre eigenen Gedanken und Ansichten mitteilt.
Was wird Niko Jana erzählen? Worüber wird er mit ihr sprechen? Und was wird Jana sagen?
Entwirf ein mögliches Gespräch zwischen Niko und Jana (Zusatzblatt). Du kannst dich auch selbst in dieses Gespräch einmischen.

Niko trifft in diesem Kapitel auf eine Reihe von Menschen, die wichtig für ihn sind. Seinem Vater und seiner Mutter begegnet er in Wirklichkeit, anderen begegnet er nur in Gedanken: seiner Oma, Hilde, Johann, dem Typ mit dem Kirschsaft, Benny und Jana.
Wer könnte ihm wohl am besten helfen, den Fall zu lösen?
Notiere mögliche Personen und begründe, warum du dich für sie entschieden hast.

Zum Nachdenken

16

Der Vormittag in der Schule, die Stunden wollen nicht vorbeigehen, die Zeit ist wie ein zäher Brei.
Jana ist noch immer nicht da.
Benny redet von Spurensuche und von neuen Methoden der Kriminalpolizei, Gentest und so etwas.
Niko hört nicht richtig zu.
In der fünften Stunde schläft er fast ein.

Mittags lässt er sich viel Zeit und schlendert durch den Stadtpark, setzt sich auf eine Bank am Rand einer großen Wiese und schließt die Augen.
Er hört das Gezwitscher der Vögel.
In der Ferne rattert ein Güterzug.
Zum ersten Mal an diesem Tag fühlt er sich richtig wohl.
Nur das Geschrei am anderen Ende der Wiese stört etwas, aber es interessiert ihn nicht.
Dann hört er eine Mädchenstimme:
„Hört auf, ihr Idioten!“
Niko öffnet die Augen.
Die Stimme kennt er doch!
Er sieht rüber.

Drei Jugendliche, etwa sechzehn Jahre alt, schubsen ein Mädchen herum und ziehen es an den Haaren.
Dann fällt es hin.

Niko steht auf.
Weit und breit kein Mensch außer ihm.
Er lässt sein Fahrrad neben der Bank stehen und geht los.
Die Jugendlichen lachen.
Niko kommt näher, sein Herz schlägt heftig.
Einer von den dreien bemerkt ihn.
„Da kommt noch so ’n Zwerg!“
„Wahrscheinlich ist hier ein Nest.“
Sie grölen vor Lachen.
Niko wundert sich, denn er müsste eigentlich Angst haben, aber er geht weiter.
Die drei rennen plötzlich weg.
Das Mädchen liegt noch auf dem Boden.
Es ist wirklich Jana.

Niko muss schlucken.
„Du hier?“
Sie sieht ihn kurz an, sieht dann wieder weg, steht auf und klopft sich den Dreck von der Jeans. Ein Fleck bleibt zurück.
Ihr Gesicht ist blass.

Sie wischt sich Tränen ab.
„Alles in Ordnung?“
Sie zuckt mit den Schultern.
Für einen Augenblick fühlt Niko sich gut.
Wie ein Held, ein Ritter.
Aber ihm fällt nichts Besseres ein als eine dumme Frage.
„Was machst du hier?“
„Und was machst *du* hier?“
„Ich denke nach.“
„Habt ihr schon den Handydieb?“
„Nein“, sagt Niko.
„Wegerich“, sagt Jana. „Marco Wegerich. Spitzname Zecke.“
„Moment mal. Das musst du mir erklären.“
Janas Mund wird ganz schmal.
„Er war’s. Er hat es mitgenommen. Geht zur Polizei und zeigt ihn an.“
Niko ärgert sich.
Warum muss sie so zickig sein?
„Jana! Könntest du das etwas genauer erklären? Immerhin geht es um mein Handy.“
Jana verzieht die Mundwinkel.
Sie äfft ihn nach.
„Immerhin geht es um mein Handy.“
Sie stemmt die Hände in die Seite.
„Gar nichts muss ich dir erklären.

Aber weil du's bist, tu ich's trotzdem. Dein Scheißhandy ist mir egal. Ich kann es nur nicht ausstehen, wenn man mich für etwas beschuldigt, womit ich nichts zu tun habe. Also: Ich habe im *Dschungel* gesessen. Ja, ich war eine der Letzten. Dein Handy lag vor mir. Ich dachte erst: Du holst es noch. Also lasse ich es erst mal liegen. Dann hat mich Zecke angesprochen und wollte wissen, wie spät es ist. Vielleicht wollte er mich auch ärgern. Ich kenne ihn noch von früher. Ein mieser Typ. Ich bin aufgestanden und aufs Klo gegangen. Ich hab mir Zeit gelassen. Ich wollte Zecke nicht wieder begegnen. Und zum Glück war er dann auch weg. Aber dein Handy war wohl auch weg."

Sie kneift die Lippen zusammen.

„Gestern bin ich krank geworden. Ich lag im Bett und es ging mir schlecht. Ich musste an diesen blöden Tag denken und an dieses blöde Handy. Das mich eigentlich nicht interessiert. Aber je länger ich darüber nachdachte, umso klarer wurde mir, was passiert ist. Zecke hat mich angequatscht. Ich bin rausgegangen. Er sah das Handy liegen und dachte, es wäre meins. Er wollte mir sowieso eins auswischen, weil ich ihn mal verpfiffen hab, als er noch auf unsere Schule ging. Also hat er das Handy geklaut und ist verschwunden.“

Niko schüttelt den Kopf. Das kann doch nicht sein! So einfach ist das nicht.
Marco Wegerich, genannt „Zecke“.
Er hat ihn gesehen, auf dem Foto, das Johanns Webcam geschossen hat.
„Der kam mir gleich komisch vor“, murmelt er.
„Was kam dir komisch vor?“
„Ach nichts.“
Er sieht sie an.
„Wer waren denn die drei eben gerade? War er dabei?“
Jana nickt.
„Zecke und zwei Kumpels. Ich hab sie hier getroffen. Hab Zecke direkt gefragt, wie das war mit dem Handy und ob wir ihn anzeigen sollen. Da wurden sie frech.“

Niko sieht auf den Boden.
Da glitzert etwas – Janas Haarspange.
Er hebt sie auf.
„Ich weiß nicht“, sagt er. „Vielleicht war das nicht so klug.“
„Was war nicht klug?“

„Jetzt ist Zecke gewarnt. Falls er wirklich der Dieb ist, kann er die Sachen jetzt verstecken. Alles, was er geklaut hat."

Jana sieht ihn mit großen Augen an.

„Du willst damit sagen, dass ich hier Mist gebaut habe?"

„Nein – so meine ich das nicht."

„Aber so hast du's gesagt. Du bist echt ein Klugscheißer! Die werfen mich hier in den Dreck – wegen deines blöden Handys – und du kommst an und hast nichts zu sagen als: ‚War vielleicht nicht so klug, was du hier tust.' Weißt du was? Du kannst mich mal. Du kannst mich mal für immer. Machs gut!"

Sie dreht sich um und geht, geht einfach weg.

Niko sieht ihr nach.

Er will hinter ihr herlaufen.

Dann denkt er: Nein, tu's nicht.

Und im nächsten Augenblick:

Jetzt renn schon los, du Idiot! Jetzt oder nie.

Er bleibt stehen und sieht zu, wie Jana die Wiese überquert.

Langsam, als ob sie auf etwas wartet.

Sie erreicht den Weg und verschwindet zwischen Bäumen.

Einfach so.

Niko geht langsam zurück.
Er wirft noch einen Blick auf den Weg.
Kein Mensch mehr zu sehen.
Er könnte doch froh sein, aber er ist unglücklich.
Er öffnet seine Hand.
Da liegt Janas Haarspange.
Er hat ganz vergessen, sie ihr zu geben.
Schnell steckt er sie ein.
Dann geht er zu seinem Fahrrad.

Niko ist nach seiner Begegnung mit Jana nicht zufrieden. Irgendetwas hätte er anders machen können. Aber was?
Vielleicht hast du ja eine Idee.
Denke dir ab Zeile 20 auf Seite 76 eine andere Fortsetzung der Begegnung zwischen Niko und Jana aus und schreibe sie auf (Zusatzblatt).

Jana nickt.
„Zecke und zwei Kumpels. Ich hab sie hier getroffen. Hab Zecke direkt gefragt, wie das war mit dem Handy und ob wir ihn anzeigen sollen. Da wurden sie frech."
Niko ...

Zum Nachdenken

17

„Also – wir müssen mal überlegen:
Es ist jetzt drei Tage her, dass Nikos Handy verschwunden ist. Was haben wir bis jetzt herausgefunden? Was könnte uns weiterhelfen?"
Sie sitzen in Johanns Büro, Benny guckt in die Luft, Niko beobachtet Johann.
Er denkt an die Worte seiner Oma, dass Johann ein Gauner ist.
Aber er kann sich das alles nicht vorstellen.
Sicher – Johann sieht etwas wild aus: der Schnauzbart, die langen, struppigen Haare, die verschlissene Weste.
Aber das sind Äußerlichkeiten, denkt Niko.

Johann räuspert sich.
„Ich denke, das Wichtigste ist das Haus.
Erlenring 14. Das ist schon mal ein Erfolg.
Aber wie kommen wir da weiter? Wir können nicht bei 54 Leuten klingeln oder alle Wohnungen durchsuchen."
Er holt einen Zettel aus der Tasche und legt ihn auf den Tisch.
„Ich habe hier genau aufgeschrieben, was an welchem Tag gestohlen wurde. Insgesamt sind

es jetzt sieben Geräte. Vielleicht kann man an den Daten irgendetwas erkennen. Ich weiß aber auch nicht genau, was das sein könnte."

Benny nimmt den Zettel, rückt seine Brille zurecht und kneift die Augen zusammen.
„Ich seh mir das mal an", sagt er. „Aber ich brauche etwas Zeit."
Niko hat mit seiner Neuigkeit bis jetzt gewartet, aber nun will er sie loswerden.
„Hört mal zu. Ich hab eine interessante Neuigkeit. Jana glaubt, dass sie den Dieb kennt."
Johann und Benny springen auf.
„Wer ist es denn?", rufen sie fast gleichzeitig.
Niko erzählt von dem Vorfall im Park.
Und während er erzählt, ist er plötzlich davon überzeugt, dass Jana recht hat.
„Er war auf einem der Fotos zu sehen, die Johanns Webcam aufgenommen hat. Er heißt Marco Wegerich, genannt Zecke."
Johann zieht an seinen Bartspitzen.
„Warum ist sich Jana so sicher?"
„Na ja – es war die Situation. Dieser miese Typ spricht sie an – sie geht aufs Klo – und da greift er zu."
Johann sieht zu Benny rüber.

„Was denkst du?“

„Ich weiß nicht. Da hat Jana so ein Gefühl. Und schon haben wir den Täter? Nee, nee, das kommt nicht hin.“

Auch Johann ist nicht überzeugt.

„Wir haben ja eine Diebstahl*serie*. Dieser Zecke soll aber ganz spontan zugegriffen haben. Das passt nicht zusammen.“

Niko weiß nicht warum – aber er ist plötzlich sehr enttäuscht.

„Ich finde das total bescheuert! Jana hat sich echt Gedanken gemacht. Sie hat Zecke sogar angesprochen, und der hat sie mit seinen Kumpels beinahe verkloppt. Es ist der erste konkrete Verdacht, den wir haben. Aber ihr meckert nur rum!“

„Das stimmt“, sagt Johann. „Aber der passt trotzdem nicht ins Bild. Und außerdem: Wohnt Zecke im Erlenring 14? Hast du Jana danach gefragt?“

Niko ist wütend.

„Nein, hab ich nicht, aber ich werde es noch tun. Darauf kannst du dich verlassen!“

Da macht Johann noch einen Vorschlag.

„Warte, Wegerich heißt er? Vielleicht steht der ja im Telefonbuch.“

Er schlägt das gelbe Buch auf.
„Es gibt zwei Wegerichs. Einmal ein Zahnarzt und eine Angelika Wegerich. Aber beide wohnen nicht im Erlenring.“

Benny steht plötzlich auf.
Er hält einen Kalender in der Hand.
„Ich hab was Interessantes entdeckt!“
Er ist ganz aufgeregt.
„Hier, der Zettel mit den Daten. Ich habe sie in den Kalender eingetragen. Und jetzt seht euch das mal an!“
Niko und Johann starren auf die Zahlen.
Johann räuspert sich.
„Hm, also mir fällt da jetzt nichts Besonderes auf. Und dir, Niko?“

Markiere die Daten, an denen etwas gestohlen wurde, im Kalender. Was fällt dir auf?

____

____

____

Zum Nachdenken

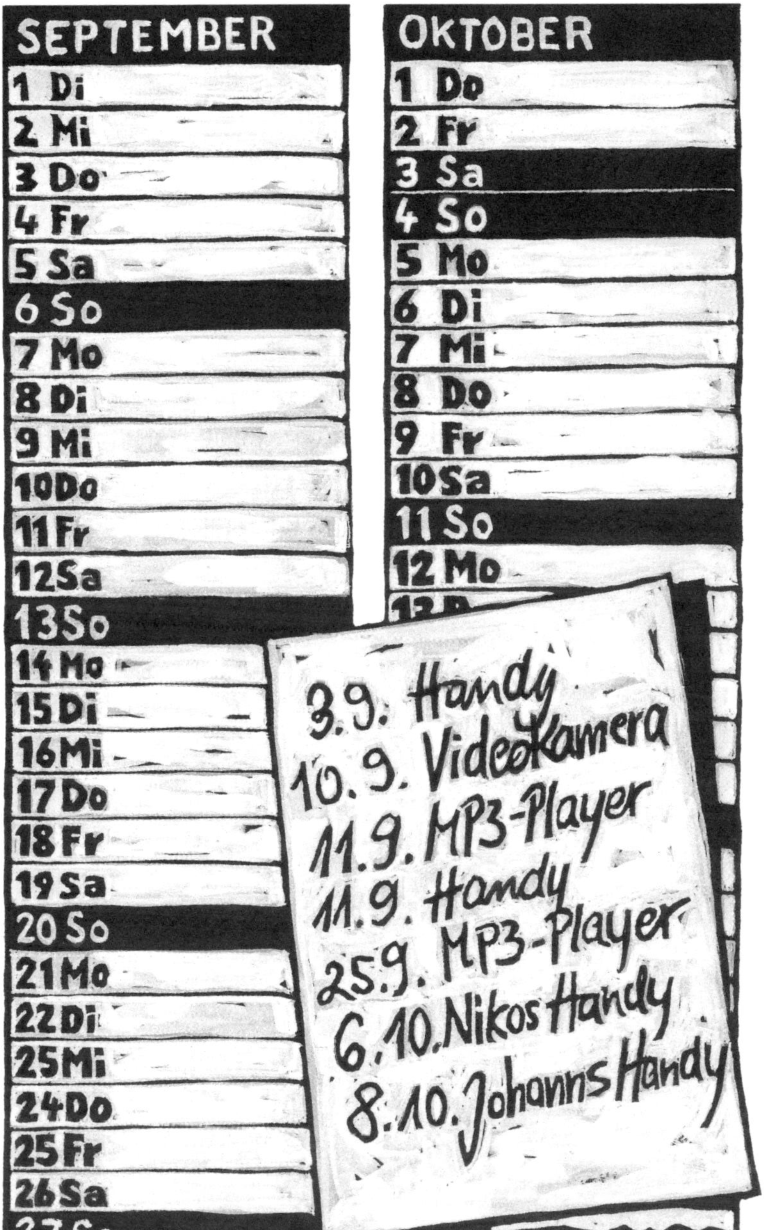
SEPTEMBER
1 Di
2 Mi
3 Do
4 Fr
5 Sa
6 So
7 Mo
8 Di
9 Mi
10Do
11Fr
12Sa
13So
14Mo
15Di
16Mi
17Do
18Fr
19Sa
20So
21Mo
22Di
25Mi
24Do
25Fr
26Sa
OKTOBER
1 Do
2 Fr
3 Sa
4 So
5 Mo
6 Di
7 Mi
8 Do
9 Fr
10Sa
11So
12Mo
3.9. Handy
10.9. VideoKamera
11.9. MP3-Player
11.9. Handy
25.9. MP3-Player
6.10. Nikos Handy
8.10. Johanns Handy

18

Niko sieht sich die Eintragungen an. „Das ist ja verrückt! Klaut der Dieb nach Plan? Immer donnerstags oder freitags. Nur bei meinem Handy war es anders. Das wurde am Dienstag gestohlen." Johann schüttelt den Kopf. „Na ja", sagt er, „wenn er am Samstag unterwegs wäre, würde mich das nicht wundern. Da ist viel Betrieb im *Dschungel*, großes Gedränge, Unruhe. Da hätte er leichtes Spiel. Aber Donnerstag und Freitag?" Benny meint: „Es muss eine Erklärung dafür geben!" „Es gibt auch eine", sagt Niko. „Sag mal, Johann, wie viele Angestellte hast du eigentlich?" Johann sieht ihn erstaunt an. „Also Niko, ich muss mich doch sehr wundern. Deine Ideen sind ziemlich abwegig. Erst dieser Zecke-Verdacht. Und jetzt glaubst du, ... Nein – nicht meine Angestellten! Für die lege ich die Hand ins Feuer. Die kenne ich alle schon lange. Katrin, Ines und Tommy – die kellnern hier schon länger als drei Jahre. Warum sollten die auf einmal klauen?

Das wäre doch Wahnsinn! Und Matthias? Der steht seit fünf Jahren hinter der Theke und hat noch nie ein krummes Ding gedreht."

Johann steht auf. „Ich muss dich warnen, Niko. Das geht jetzt zu weit. Wenn du die Angestellten beschuldigst, dann werde ich ernsthaft sauer." Johann ist richtig außer sich. Er holt einen Aktenordner vom Regal. „Es ist vollkommener Unsinn", ruft er. „Und außerdem: Keiner von denen wohnt im Erlenring 14 oder auch nur in der Nähe." Der Aktenordner donnert auf den Tisch. „Für heute", sagt Johann, „sollten wir aufhören. Ich hab noch was anderes zu tun."

Niko will aber nicht nachgeben. „Es gibt doch sicher Dienstpläne. Du könntest doch mal ..." „Nein!", brüllt Johann. Sein Schnauzbart zittert. Im Gesicht erscheinen vor Aufregung rote Flecken. „Okay", sagt Niko leise. „Tut mir leid. Wir brauchen wirklich eine Pause. Wann treffen wir uns wieder? Morgen Nachmittag?" „Ja, von mir aus", brummt Johann.

Benny und Niko gehen und setzen sich rüber in den Gastraum des *Dschungel*.

Es läuft gerade ein Song von Britney Spears: *Shattered Glass*.

Niko blickt ins Leere.

„Wie sich Johann geärgert hat! Ich mache wohl alles falsch."

Benny sagt nichts.

Er zerbröselt einen Bierdeckel.

„Das denkst du doch auch, Benny. Stimmt's?"

Benny wird rot.

„Na ja – die Sache mit Zecke ..."

„Hab schon verstanden. Das ist alles ziemlich unklar."

„Aber weißt du was?", sagt Benny. „Das andere finde ich interessant."

„Was?"

„Die Idee mit den Angestellten. Da könnte was dran sein. Der Gedanke ist für Johann schlimm. Das kann er nicht akzeptieren, aber vielleicht sieht er es morgen schon anders."

Niko hebt die Schultern.

„Ich weiß nicht. Ich weiß gar nichts mehr."

Ines kommt an ihren Tisch.

„Was wollt ihr trinken?"

„Eine Cola", sagt Niko.

Benny sieht auf seine Uhr.

„Oh, so spät schon! Ich muss weg – zum Schwimmtraining.“

Er steht auf und tippt Niko auf die Schulter.

„Und mach keine Dummheiten.“

Ines steht noch immer da.

„Pech für dich“, sagt sie zu Niko.

Es sind viele Gäste da.

Sie klopft mit dem Kuli auf ihren Block.

„Möchtest du trotzdem eine Cola?“

„Ja, ja ... Doch. Ich muss noch nachdenken.“

Sie lächelt, als ob sie Mitleid hätte.

„Nachdenken? Worüber denn?“

„Wir jagen doch diesen Dieb, der hier immer klaut.“

„Ach ja? Hab ich von Johann gehört. Noch kein heiße Spur?“

„Nicht wirklich. Wir konnten ein Handy orten und wissen jetzt, wo der Dieb wohnt.“

„Ach wirklich?“

Niko ist plötzlich ganz nervös.

Sie hatten vereinbart, nichts auszuplaudern, weil sie niemanden beunruhigen wollten.

Aber er sagt es trotzdem.

„Es ist ein riesiger Wohnblock. Erlenring 14.

Wir können das Haus nicht durchsuchen.

Aber irgendwie finden wir den Dieb."
Ines lächelt.
„Na klar. Bestimmt."

Niko beobachtet sie, wie sie an der Theke Bescheid gibt, ein Tablett mit Gläsern abholt und die Getränke balanciert.
Mit leichter Hand. Routiniert.
Dann sieht sie zu ihm rüber und lächelt, nur einen Augenblick lang.
Später verschwindet sie in der Küche.
Wo will sie so plötzlich hin?
Niko steht auf – und stößt beinahe mit Katrin zusammen, der anderen Kellnerin.
Sie trägt ein Glas Cola.
„Nanu? Hattest du die nicht bestellt?"
„Ich muss mal kurz weg."
Er rennt zur Tür und auf die Straße.
Gerade noch sieht er Ines' Auto.
Einen weißen Opel.

19

Niko wirft sich in die Pedale.

Die Kette knirscht. Jetzt bloß keine Panne!

Nach wenigen Minuten sieht er den weißen Opel an einer Ampel.

Sofort geht es weiter.

Niko fährt wie der Teufel.

Die Straßen sind voller Autos, das ist seine Chance.

Ines kommt nur langsam voran.

Es geht über den Kanal,

dann biegt sie auf die Schnellstraße ein.

Niko muss den anderen Weg nehmen, über Nebenstraßen und am Schrottplatz vorbei.

Keine Zeit zum Verschnaufen.

Fast fährt er einen Dackel um, eine alte Frau schimpft, aber er ist längst weg.

Er darf nicht zu spät kommen.

Am Erlenring 14 sieht er den weißen Opel.

Er steht am Straßenrand.

Von Ines keine Spur.

Ist er zu spät gekommen?

Fahrrad gegen Auto – das konnte er nicht schaffen.

Niko geht zur Haustür und drückt irgendeine Klingel.

Das Türschloss summt.
Er stolpert in den Flur.
Schwarze Bodenplatten, Betonwände, farblos, dunkel, ein Fahrstuhl, sechs Etagen.
Aber welche ist die richtige?

Es ist ziemlich aussichtslos.
Aber dann hat er eine Idee und läuft zum Treppenhaus, von einer Etage zur nächsten.
Jedes Mal geht er zum Fahrstuhl.
Auf der ersten Etage ist die Tür zu, auch auf der zweiten und der dritten.
Vierte Etage: Die Tür steht offen.
Das bedeutet: Vor Kurzem ist hier jemand ausgestiegen. Vielleicht war *sie* es.

Niko geht langsam den Flur entlang.
Linoleumboden, links und rechts Türen.
Es riecht nach Suppe und nach Schuhcreme.
Kindergeschrei.
Dann etwas anderes: Stimmen.
Ein Mann und eine Frau.
Sie reden laut, sie streiten.
Er geht näher ran.
Der Mann schreit: „Mach jetzt bloß keinen Fehler! Du weißt ganz genau, was passiert.
Wenn du zu diesem Johann gehst …

Dann verpfeife ich dich. Fahrerflucht – das gibt richtig Ärger."

Die Frauenstimme klingt weinerlich.

Es ist eindeutig Ines.

„Die wissen es doch sowieso bald."

„Quatsch. Du musst nur cool bleiben."

„Die kennen dieses Haus hier, glaub mir, Erlenring 14. Dieser Knirps hat's mir erzählt, vor einer halben Stunde."

Niko hört ein dreckiges Lachen.

Sein Herz schlägt bis zum Hals.

Er hat keine Zeit, um sich zu ärgern, weil sie Knirps zu ihm gesagt hat.

Die Stimme des Mannes wird lauter.

Die beiden stehen direkt hinter der Tür.

Wenn der Typ sie jetzt öffnet ...

Aber er redet weiter auf Ines ein.

„Du wohnst doch nicht hier, Schätzchen."

„Aber *du* wohnst hier. Sie werden die Verbindung zwischen uns finden. Ich kann das nicht mehr."

„Lass ein paar Wochen vergehen. Dann suchst du dir einen neuen Job und bringst mir jede Woche ein kleines Geschenk. Gib mir einen Kuss, Kleines."

„Hör auf! Ich will das nicht mehr. Ich werde nicht länger für dich klauen."

„Du weißt, was dann passiert, Kind. Fahrerflucht, das ist nicht irgendwas!“

„Du bist ein Schwein!“

Plötzlich ist es ganz still.

Dann spricht wieder der Mann, sehr leise und drohend: „Schätzchen. Was hast du gesagt?“

Man hört ein klatschendes Geräusch und einen Schrei.

Dann geht die Tür auf.

Niko versteckt sich hinter einem Mauervorsprung, gerade noch rechtzeitig.

Ines zieht die Tür hinter sich zu.

Er sieht kurz ihr Gesicht.

Sie wischt sich über die Augen und geht eilig den Flur hinunter.

Niko folgt ihr.

In seinem Kopf geht alles durcheinander.

Was ist da los? Was soll er nur tun?

Niko weiß nicht, was er tun soll.
Auf Seite 93 findest du einige Vorschläge.
Welchen hältst du für den besten? Kreuze ihn an und begründe deine Entscheidung.
Du kannst auch eine eigene, ganz andere Idee aufschreiben und begründen.

☐ Niko kann an der Wohnungstür klingeln und den Mann zur Rede stellen.

☐ Niko kann Ines bis zum Hauseingang folgen und versuchen, dort mit ihr zu reden.

☐ Niko kann zu Benny fahren und mit ihm beraten, was jetzt zu tun ist.

☐ Niko kann zu Jana fahren und mit ihr die Sache besprechen.

☐ Niko sollte jetzt gar nichts machen und alles am nächsten Tag Johann erzählen.

☐ Meine eigene Idee:

____

____

____

Meine Begründung:

____

____

____

20

Niko geht langsam zurück. Die Treppe runter, bis zum Ausgang. Alles ist wieder still, unheimlich still. Ines ist verschwunden. Niko geht zwischen den Autoreihen hindurch zum Parkplatz. Da steht der gelbe Wagen mit dem Aufkleber, ein Adler mit abgebrochenem Schnabel.

Niko weiß nicht, was er tun soll. Er könnte einfach stehen bleiben, bis irgendetwas passiert. Er weiß jetzt, wer sein Handy gestohlen hat. Aber er ist nicht zufrieden, er fühlt sich leer.

Dann gibt er sich einen Ruck. Er fährt nicht nach Hause, auch nicht zu Johann, aber er hat ein Ziel. Es geht alles von selbst, fast wie in einem Traum. Erst als er da ist, wird ihm klar, was er tut.

Er klingelt. Janas Mutter öffnet. „Du willst sicher zu Jana. Komm rein.“

Niko geht zu ihrem Zimmer und klopft an.
Jana sitzt am Schreibtisch.
Sie dreht sich kurz um und wendet sich gleich wieder ab.
„Was willst du?“
Ihre Stimme klingt abweisend.
Am liebsten würde er wieder gehen, aber jetzt ist es zu spät.
„Ich brauche deine Hilfe.“
„Ach nee. Auf einmal?“
„Darf ich mich hinsetzen?“
„Wenn’s sein muss.“

„Es tut mir leid“, sagt er. „Ich war nicht gerade nett zu dir.“
Jana dreht sich um, ihr Gesicht sieht müde aus, sie verzieht die Mundwinkel.
„Okay. Stimmt.“
„Ich war einfach verbohrt und hab nicht genug nachgedacht.“
Er ist froh, dass er das gesagt hat.
Jetzt weiß er: Es ist richtig, was er tut – egal, wie es ausgeht.
„Den Dieb zu finden, war eben nicht ganz einfach.“
Jana sieht Niko erstaunt an.
„Was heißt das: Es *war* nicht einfach?

Zecke ist nicht der Dieb, oder?“
„Nein.“
„Ich hab’s mir schon gedacht. Ich war auch etwas verbohrt.“
Sie lächelt für einen Augenblick.
„Wer war es dann?“
„Eine von Johanns Angestellten. Sie heißt Ines. Ich hab sie belauscht. Sie hat für ihren Freund gestohlen.“

Jana steht auf, geht durch das Zimmer und sieht aus dem Fenster.
„Na, dann ist doch alles klar. Geh zur Polizei, zeig sie an – und das war’s.“
„Nein, nein. So funktioniert das nicht. Sie wird nichts zugeben. Und ihr Freund setzt sie unter Druck. Ich würde Ines gerne helfen.
Am besten wäre, wenn Johann mit ihr reden würde. Aber der ist sauer auf mich. Er glaubt nicht, dass sie es war.“

Jana wendet sich um.
„Ach so – ich verstehe! Jetzt soll ich für gute Stimmung sorgen? Hast du dir das so überlegt?“
„So meine ich das nicht. Ich wollte dich nur fragen, ob du eine gute Idee hast. Ich glaube,

dass dieser Typ hinter allem steckt, ihr fieser Freund. Er hat sie auch geschlagen.“

Jana schüttelt den Kopf.
„Ich versteh das nicht. Wenn Ines da heil rauskommen will, dann muss sie alles gestehen und die Sachen ersetzen.“
Niko kneift die Lippen zusammen.
„Da ist noch eine zweite Sache. Die ist eigentlich noch schlimmer. Ines hat eine Frau angefahren – mit dem Auto ihres Freundes. Er war mit dabei. Die Frau hat sich einen Fuß gebrochen. Aber die beiden sind abgehauen.“
„Wie gemein! Das ist doch Fahrerflucht!“
„Genau. Ihr Freund wollte es so. Aber sie saß am Steuer, und deshalb hat sie das Problem. Damit setzt er sie unter Druck.“

„So langsam verstehe ich. Aber woher weißt du das alles?“
Niko muss grinsen.
„Die Frau, die umgefahren wurde, ist mit meiner Oma befreundet, seit hundert Jahren. Sagt sie jedenfalls. Sie hat mir die Geschichte erzählt und das Auto beschrieben. Zufällig hab ich es entdeckt, und zwar am Erlenring 14. Da, wo Ines’ fieser Freund wohnt.“

Jana setzt sich auf das Sofa, neben Niko.
„Mensch, Niko. Ich hab mich so über dich geärgert."
Sie ballt die Rechte zur Faust und hält sie vor Nikos Nase.
„Aber jetzt bin ich stolz auf dich. Du bist nicht nur ein super Ermittler. Du hast auch ein Herz für die Täter."
Niko merkt, dass er rot wird.
„Ach, das ist doch alles nicht so ..."
„Doch, doch! Und weißt du was? Wir sollten jetzt Frieden schließen. Was hältst du davon?"
„Gute Idee. Ich dachte auch ..."
„Nein, du musst gar nicht so viel denken."
Ehe Niko sich rühren kann, hat Jana ihn auf die Wange geküsst.

Da fällt Niko etwas ein.
Er kramt in seiner Tasche und holt die blaue Haarspange raus.
„Mensch, toll", sagt Jana.
Sie nimmt die Haarspange.
„Die hab ich schon vermisst."
Dann steht sie auf.
„Ich koche schnell einen Tee. Und dann überlegen wir, was wir mit Ines machen.
Mir kam da gerade eine Idee ..."

Niko hat die Diebin gefunden, aber sie tut ihm auch ein wenig leid.

Was meinst *du*? Sollte Niko Ines bei der Polizei anzeigen? Was könnte er sonst tun?

Und sollte Ines bestraft werden? Was würdest du als gerecht empfinden?

Schreibe deine Meinung jeweils mit einer kurzen Begründung auf.

Meine Meinung zu Niko: ______________________

____

____

____

____

____

Meine Meinung zu Ines: ______________________

____

____

____

____

____

Zum Nachdenken

21

Sonntagnachmittag im *Dschungel*. Stimmengewirr und Lachen, der Raum ist voll, die Papageien krächzen um die Wette, die Espressomaschine zischt, quietschend öffnet sich die Tür. Ein Schwung frische Luft strömt herein. Zwei alte Frauen treten ein, eine davon mit Gipsfuß und Krücken. Die Gespräche werden etwas leiser. „Ej, was wollen denn die Omis hier?“, ruft einer durch den Raum. Irgendwo lacht jemand, aber die beiden kümmert das nicht.

Niko kommt gerade aus Johanns Büro. Er ist ziemlich aufgeregt und freut sich. Er geht zu seiner Oma und hilft ihr, sich auf einen Stuhl zu setzen. Hilde, die andere alte Dame, reicht ihm die Hand. „Ist ja ganz nett hier. Hätte ich gar nicht gedacht.“ Nikos Oma sieht sich neugierig um. „Da kannst du mal sehen. Das hat alles der Johann eingerichtet.“

Ines kommt an den Tisch und will die Bestellung aufnehmen.
An Niko blickt sie vorbei, und das ist ihm ganz recht so.
Als sie gegangen ist, beugt sich Hilde zu Niko vor. Sie spricht sehr leise.
„Ist sie das? Die sieht doch ganz nett aus. Ich verstehe nicht, dass sie so was tun kann."

Johann betritt das Café und grinst, als er Niko sieht.
Er kommt an ihren Tisch.
„Herzlich willkommen! Der Kaffee ist für Sie natürlich umsonst. Wir haben acht Sorten Kuchen da. Trinken Sie in Ruhe aus. Ich warte in meinem Büro."
Schon ist er wieder weg.

Niko sieht seine Oma an.
„Findest du noch immer, dass Johann ein Gauner ist?"
Sie hebt hilflos die Hände.
„Nein – da hab ich ihm Unrecht getan. Er hat sich total verändert. Ich hoffe, du hast nicht ..."
„Nein, Oma – kein Wort hab ich gesagt. Auch Großmütter können sich mal irren."

Eine halbe Stunde später:
Hilde und Nikos Oma sitzen im Büro.
Johann guckt durch die Tür.
„Sie kommt jetzt."
Ines betritt den Raum, vorsichtig, misstrauisch.
„Was soll denn das werden?", fragt sie.
„Wieso sollte ich überhaupt heute kommen?
Katrin schafft das doch allein.
Und wer sind …?"
Sie deutet auf die beiden Frauen.
„Setz dich", sagt Johann. „Dieses Treffen hat Niko organisiert. Er hat einiges herausgefunden. Ich konnte es erst nicht glauben, aber jetzt bin ich ihm dankbar dafür.
Es geht um mehrere Handys, zwei MP3-Player und eine Videokamera. Das alles wurde hier gestohlen."
Ines sieht ihm trotzig in die Augen.
„Ich hab davon gehört."
„Und sonst kannst du nichts dazu sagen?
Du warst daran nicht beteiligt?"
Ines schüttelt den Kopf.
„Absolut nicht. Das ist doch eine Frechheit. Ich würde jetzt gerne …"
„Warte!", unterbricht Johann sie.
Da räuspert Hilde sich.

„Sagen Sie mal. Erinnern Sie sich an den 7. August? Das war ein Donnerstag, abends gegen 21 Uhr?“

Ines starrt sie an.

Dann schüttelt sie langsam den Kopf, als wäre sie hypnotisiert.

Hilde fährt fort, sie spricht sehr ruhig.

„Ein Supermarkt in der Südstadt. Ich kam gerade vom Einkaufen und wollte den Parkplatz überqueren.“

Ines wird bleich. Hilde sieht sie streng an.

„Ein Auto fuhr mich um. Ich stürzte. Mein Fuß knickte um. Es tat schrecklich weh. Das Fußgelenk war gebrochen. Ich wartete, dass mir jemand hilft, aber das Auto verschwand. Ich musste eine ganze Weile rufen, bis mich jemand hörte.“

Ines sitzt da, presst die Lippen aufeinander. Sie hat plötzlich Tränen in den Augen.

„Ich – es tut mir so leid. Ich wollte aussteigen. Aber ... “

Sie spricht nicht weiter, schlägt die Hände vor ihr Gesicht.

„Das war eine schlimme Sache, Ines“, sagt Johann. „Und ich finde es fantastisch, dass Hilde heute hierhergekommen ist.“

„Ich wollte nicht abhauen!“, ruft Ines. „Ich wollte auch nichts stehlen! Aber Carlo hat gesagt, dass er mich sonst verrät.“
Ines ist verzweifelt.
„Was soll ich denn jetzt machen?“

Johann streicht sich durch den Bart.
„Wir würden dir ja gerne helfen. Du kommst aber nicht darum herum, zur Polizei zu gehen. Irgendwann fliegt so was auf. Das ist immer so. Du musst denen erzählen, wie es war.“
Ines sieht ihn an.
Ihre Augen sind ganz rot.
„Das geht nicht. Der Carlo ist schon mal eingebrochen. Den sperren sie bestimmt ein.“
„Willst du Carlo wirklich schützen? Den Carlo, der dich zum Stehlen zwingt? Der dich geschlagen hat? Hör zu: Wir machen einen Deal. Du kannst weiter hier arbeiten. Nach und nach bezahlst du den Schaden von deinem Gehalt. Und Hilde ...“
Er sieht zur ihr hinüber.
„Hilde wird dich nicht anzeigen. Sicher musst du eine Strafe bezahlen. Aber das regeln wir.“
Ines springt auf.
Sie umarmt erst Johann und dann Hilde und heult dabei.

„Danke – danke!“

„Es gibt eine Bedingung“, sagt Johann. „Du gehst jetzt sofort zur Polizei. Dann können die zu Carlo fahren. Vielleicht hat er das Diebesgut ja noch in seiner Wohnung.“

Ines lässt sich auf einen Stuhl fallen und wischt sich die Tränen ab.

„Es geht wohl nicht anders. Ich mach’s!“

Hilde steht auf und klopft Ines auf die Schulter.

„Du schaffst das schon.“

Dann dreht sie sich um, zwinkert Niko zu und geht.

Nikos Oma ist auch aufgestanden.

Sie schiebt ihre Krücken zurecht.

Mit einer stößt sie gegen Johanns Bein.

„Sie sind ja ein ganz anständiger Kerl. Das hätte ich nicht gedacht.“

„Was haben Sie denn gedacht?“

Johann grinst.

Nikos Oma verdreht die Augen.

„Das erzähle ich Ihnen besser nicht! Aber jetzt ...“

Sie dreht sich um.

„... muss ich hinter Hilde her.“

22

Zwei Tage später.
Niko sitzt am Schreibtisch und macht Hausaufgaben.
Plötzlich steht sein Vater in der Tür, in der Hand die Zeitung.
„Was lese ich da? *Dschungel* –
da treibst du dich doch immer rum!
Da waren Seriendiebe am Werk, und jetzt ist alles aufgeklärt. Hast du davon gehört?
Geht es da auch um dein Handy?"

„Weißt du was, Papa?"
Niko dreht sich langsam um.
„Du störst mich bei den Hausaufgaben."
Sein Vater macht große Augen.
„Ich hab dich was gefragt!"
„Ja", sagt Niko gelangweilt. „Ich hab mein Handy zurückbekommen. Hast du den Artikel zu Ende gelesen?"
Sein Vater liest vor:

„Die Täterin wurde gefunden, nachdem ein 13-jähriger Schüler auf sie aufmerksam geworden war."

Der Vater hebt den Kopf:

„Na so was! Ein 13-jähriger Schüler. Alle Achtung! Nimm dir da mal ein Beispiel an dem!"

Niko stöhnt und holt sein Handy aus der Schultasche.

„Hast du nicht selbst gesagt, dass ich mich darum kümmern soll?"

Nikos Vater nimmt seine Brille ab.

„Was soll das jetzt heißen?"

„Lies doch mal weiter, Papa."

„Bei der Diebin handelt es sich um eine Angestellte des ‚Dschungel'. Ihr Komplize, ein vorbestrafter Einbrecher, wurde festgenommen. Zugleich konnte durch den Schüler ein Verkehrsdelikt aufgeklärt werden.

Weil die Täterin ein Geständnis ablegte, wurde sie auf freien Fuß gesetzt. Die Polizei bedankte sich bei dem Schüler mit zwei Freikarten für das Fußballstadion."

Nikos Vater kneift die Augen zusammen und sieht Niko prüfend an.

„Sag bloß, dass du ..."

Er bringt den Satz nicht zu Ende.

Niko zieht die Schultern hoch.

„Denk dir, was du willst. Übrigens – ich hab zwei Karten für das Fußballspiel am Samstag. Leider kann ich dich nicht mitnehmen. Ich bin mit Jana verabredet. Vielleicht beim nächsten Mal. Und jetzt würde ich gerne meine Aufgaben machen."

Nikos Vater geht.
Von draußen hört Niko seine Stimme.
Er redet, obwohl da niemand ist.
„Ich glaub es nicht. Nein, ich glaub es nicht.
Er hat doch tatsächlich ... Na ja, Hauptsache, der Junge hat sein Handy zurück."
Niko beißt sich in die Hand.
Dann muss er laut loslachen.

Hier endet die Geschichte von den Diebstählen im *Dschungel*. Aber eigentlich ist sie noch nicht richtig zu Ende, denn viele Fragen bleiben offen.
Wie wird es weitergehen mit Niko und Jana?
Was erleben die beiden bei dem Fußballspiel?
Und wird ihre Freundschaft durch die gemeinsamen Erlebnisse gestärkt?
Schreibe auf, wie du dir dies alles vorstellst.

•••••

Wie kommt Niko in Zukunft mit seinen Eltern zurecht? Nach dem Abendessen sitzt er mit seinem Vater, seiner Mutter und seinem älteren Bruder Tom zusammen. Die vier kommen miteinander ins Gespräch.
Denke dir aus, wie dieses Gespräch verlaufen könnte, und schreibe es nach deinen Ideen auf.

•••••

Was hat eigentlich in der Zeitung gestanden? In Kapitel 22 wird der Zeitungsartikel über die Diebstähle erwähnt, aber es sind nur kurze Auszüge aus dem Artikel zu lesen. Schreibe über die Ereignisse einen ausführlichen Zeitungsbericht mit einer passenden Schlagzeile.

•••••

Was soll mit Ines und Carlo geschehen? Diskutiert in der Klasse über diese Frage. Dazu könnt ihr auch eine Gerichtsverhandlung durchführen – mit den beiden Angeklagten, einem Verteidiger, einem Ankläger, einem Richter und mehreren Zeugen. Beachtet dazu die Hinweise auf Seite 117.

•••••

Löse das Rätsel zum Buch auf Seite 110 und lies im Anhang des Buches den Text „Wer war der Täter?“ (Seite 114). Teste mit den zugehörigen Aufgaben deine Eignung als Detektiv.

Zum Weiterarbeiten

Kleines Rätsel zum Buch

1. Dieser Junge wird „Professor“ genannt.
2. Er findet die Diebin.
3. Sie wird zuerst verdächtigt.
4. Dieses Gerät wird dem Jungen geklaut.
5. Zwei Spiele sind darauf: dieses ...
6. ... und dieses.
7. Hiermit werden die Fotos im *Dschungel* gemacht.
8. Aus diesem Erdteil stammen die Masken im *Dschungel*.
9. So heißt Nikos Bruder.
10. Dieser Vogel ist auf dem Aufkleber des gelben Autos zu sehen.
11. Sie begeht die Diebstähle.
12. So heißt der Zwergaffe im *Dschungel*.
13. So heißt der Besitzer des *Dschungels*.
14. Daraus erfährt der Vater am Schluss von den Ereignissen.
15. In dieser Straße wird der Dieb vermutet.
16. Darin darf Niko in Janas Zimmer nicht lesen.
17. Dies ist der Spitzname des zweiten Verdächtigen.
18. So heißt der Mann, der Ines zum Stehlen anstiftet.

1. E
2. I
3. N
4. D
5. I
6. E
7. B
8. I
9. M
10. D
11. S
12. C
13. H
14. U
15. N
16. G
17. E
18. L

Anhang

Wer ist der Täter?

Fall 1

Johann hat Ines eine neue Chance gegeben; sie arbeitet weiter als Kellnerin im *Dschungel*. An einem Samstagnachmittag ist der Gastraum gut gefüllt.

Niko sitzt gerade mit Johann im Büro, als Ines aufgeregt hereinstürzt.

„Mir ist Geld gestohlen worden. Ich hab meine Geldbörse nur kurz hinter die Theke gelegt, weil ich zum Klo musste. Als ich wiederkam, hab ich gemerkt, dass der einzige 50-Euro-Schein fehlt, den ich in der Börse hatte."

Niko schaut in den Gastraum hinein.

„Das können ja nur die beiden Jungen gewesen sein, die direkt an der Theke sitzen. Hast du im Gastraum schon irgendwas über den Diebstahl erzählt?"

„Nein, nur hier im Büro", sagt Ines.

Niko geht zur Theke und spricht die Jungen an: „Der Kellnerin ist hier gerade was gestohlen worden. Habt ihr irgendwas bemerkt?"

Der eine Junge antwortet:

„Ich hab wohl gemerkt, dass die Kellnerin ziemlich aufgeregt war, aber dass was gestohlen wurde, hab ich nicht gesehen."

Der andere Junge tut ganz entrüstet: „Wir trinken hier nur unseren Apfelsaft. So dumm, einen großen Geldschein zu stehlen, sind wir nicht, damit würden wir ja auffallen."

Niko ist jetzt ganz sicher, dass die beiden Jungen die Diebe sind. Wie kann er ihnen nachweisen, dass nur sie als Täter infrage kommen?

Fall 2

Die Freunde Niko, Jana, Paul, Marie, Benny und Lara sind auf Klassenfahrt und sitzen zusammen in einem Zugabteil. Paul packt eine Keksrolle aus, in der noch drei große Kekse sind.

Er sagt: „Schade, drei Kekse kann man nicht durch fünf teilen. Da muss ich sie wohl selbst essen."

In diesem Augenblick fährt der Zug in einen Tunnel hinein und im Abteil wird es ganz dunkel. Man kann überhaupt nichts mehr sehen.

„Niko, nutz die Gelegenheit und gib Jana einen Kuss“, ruft Paul.

„Und keiner kann was sehen“, fügt Marie hinzu, „aber beeil dich, gleich wird’s wieder hell.“

„Untersteh’ dich, Niko“, sagt Jana. „Küss mich lieber mal im Hellen.“

„Mach ich“, sagt Niko. „Wir sind doch Freunde.“

Da wird es im Abteil wieder hell, weil die Tunnelfahrt vorbei ist.

Plötzlich schreit Paul auf.

„Meine Kekse sind weg. Wer hat meine Kekse gegessen?“

Niko schaut einmal kurz in die Runde.

Dann sagt er: „Ich glaube, ich weiß, wer’s war. Aber vielleicht gibt er’s ja selbst zu.“

Wen hat Niko im Verdacht? Und woran hat er den Täter erkannt?

____

____

____

Eine Gerichtsverhandlung

So verläuft eine Gerichtsverhandlung: Der Richter eröffnet die Verhandlung und erklärt, wer angeklagt ist und worum es geht. Der Ankläger (Staatsanwalt) schildert den Tathergang. Danach befragt der Richter die Zeugen. Auch der Ankläger und der Verteidiger können Fragen an die Zeugen stellen. Nach der Befragung beantragt der Ankläger eine Strafe und beruft sich dabei auf das Strafgesetzbuch. Dann spricht der Verteidiger und weist dabei auch auf mildernde Umstände hin. Am Ende nimmt er Stellung zu dem beantragten Strafmaß. Danach haben die Angeklagten das letzte Wort. Zum Schluss verkündet der Richter sein Urteil und fragt die Angeklagten, ob sie das Urteil annehmen.

Auszug aus dem Strafgesetzbuch:
§ 242 – Diebstahl

(1) Wer eine fremde bewegliche Sache einem anderen in der Absicht wegnimmt, die Sache sich oder einem Dritten rechtswidrig zuzueignen, wird mit Freiheitsstrafe bis zu fünf Jahren oder mit Geldstrafe bestraft.

(2) Der Versuch ist strafbar.

Aufgabenlösungen

S. 9: Der Dackel wird im Buch nicht erwähnt.
S. 11/13: vom *Dschungel* aus die Mühlenstraße nordwärts – zweimal links abbiegen – rechts in den Wachtelstieg einbiegen – zweite Querstraße links – gleich wieder rechts – immer geradeaus, über die Parkstraße hinweg – wenn es nicht mehr weitergeht, links abbiegen – zweite Straße rechts – links den Radweg Richtung Krankenhaus wählen.
S. 14: Niko hatte das Handy zuletzt im *Dschungel*. Er hat es auf den Tisch gelegt.
S. 20/21: Benny mit Brille – Lara holt ihr eigenes Handy aus der Tasche – Paul und Marie Händchen haltend – Maries Gitarre
S. 25: 1. Unter der Decke hängt kein Ast, dort hängen Seile (Lianen). Der Affe kann nicht sprechen, es müssen die Papageien sein. Niko ist nicht auf die Theke geklettert. Im Krankenhaus liegt nicht der Opa, sondern die Oma.
2. Möglicher Hinweis darauf, dass Johanns Affe das Handy gestohlen hat.
S. 28: 1 = Niko, 2 = Lara, 3 = Benny, 4 oder 5 = Jana oder Paul/Marie. Paul sagt, Jana sei die Letzte gewesen; Jana sagt, sie sei vor Paul und Marie gegangen.

S. 36/37: Die Bilder sind in der folgenden Reihenfolge entstanden: D, C, E, A, B. Als Letzter könnte gegangen sein: Jana oder Paul oder Marie. Jana könnte das Handy gestohlen haben, weil es ab Bild A nicht mehr da ist, als sich kein anderer mehr am Tisch befindet.
S. 47: Schlitzohr = eine listiger, oft auch hinterhältiger Mensch; Bauernfänger = jemand, der andere hereinlegt und ausnutzt; um die Hand anhalten = einen Heiratsantrag machen; auf eine gute Partie hoffen = einen reichen Mann bzw. eine reiche Frau heiraten wollen; schräger Vogel = komischer Typ, der sich eventuell auch unkorrekt verhält; hinter schwedische Gardinen stecken = jemanden ins Gefängnis bringen; etwas aus erster Hand erfahren = etwas von jemandem erfahren, der unmittelbar beteiligt oder Zeuge war und deshalb glaubwürdig ist; etwas auf dem Kerbholz haben = etwas Unerlaubtes getan haben, eine Straftat begangen haben; die Hände in Unschuld waschen = sich betont unschuldig geben.
S. 50/51: Handy: 1.; Strommasten: 2.; Schallwellen: 3.; Abstandsmessungspfeile: 4.; Haus Mobilfunkanbieter: 5.; Computer: 6.
S. 60/61: Das Handy befindet sich im Erlenring.

S. 64: Niko hat folgenden Aufkleber nicht beachtet: ein Adler mit abgebrochenem Schnabel. So einen hat auch Hilde an dem Auto wahrgenommen, von dem sie angefahren wurde.
S. 82/83: Die Diebstähle fanden immer donnerstags oder freitags statt. Nur Nikos Handy wurde an einem Dienstag gestohlen.
S. 110/111: 1. BENNY, 2. NIKO, 3. JANA, 4. HANDY, 5. TETRIS, 6. BLOCKBREAKER, 7. WEBCAM, 8. AFRIKA, 9. TOM, 10. ADLER, 11. INES, 12. CICO, 13. JOHANN, 14. ZEITUNG, 15. ERLENRING, 16. TAGEBUCH, 17. ZECKE, 18. CARLO
S. 114/115: *1. Fall:* Nur die Diebe können wissen, dass ein großer Geldschein gestohlen worden ist.
S. 115/116: *2. Fall:* Benny hat die Kekse gegessen. Er ist der Einzige, der im Tunnel nicht geredet hat, weil dies mit einem so vollen Mund sehr schwierig ist.

Textquellen

Seite 114: Wer ist der Täter? (Originalbeitrag).
Seite 117: Eine Gerichtsverhandlung (Originaltext); Auszug aus dem Strafgesetzbuch (StGB).